最新法律文件解读丛书

刑事
法律文件解读

XINGSHI FALÜ WENJIAN JIEDU

人民法院出版社 编

总第232辑 2024.10

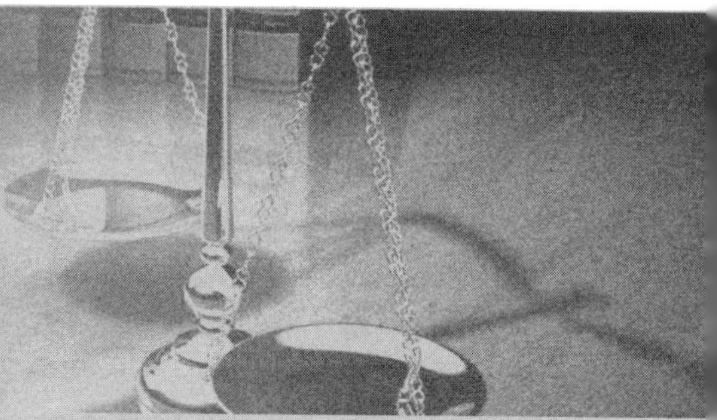

人民法院出版社

图书在版编目（CIP）数据
刑事法律文件解读. 总第232辑 / 人民法院出版社编.
北京 : 人民法院出版社, 2025. 3. --（最新法律文件
解读丛书）. -- ISBN 978-7-5109-4343-0
Ⅰ. D924.05; D925.205
中国国家版本馆CIP数据核字第20244CY872号

刑事法律文件解读・总第 232 辑

人民法院出版社 编

责任编辑 杨晓燕
执行编辑 周 敏
出版发行 人民法院出版社
地 址 北京市东城区东交民巷 27 号 邮编 100745
电 话 （010）67550562（责任编辑） 67550558（发行部查询）
65223677（读者服务部）
客服 QQ 2092078039
网 址 http://www.courtbook.com.cn
E - mail courtbook@sina.com
印 刷 三河市国英印务有限公司
经 销 新华书店
开 本 787 毫米×1092 毫米 1/16
字 数 115 千字
印 张 8
版 次 2025 年 3 月第 1 版 2025 年 3 月第 1 次印刷
书 号 ISBN 978-7-5109-4343-0
定 价 28.00 元

卷首语

2024年10月12日，最高人民检察院印发《人民检察院办理伤害类案件技术性证据实质审查工作规定》，着力强化伤害类案件技术性证据实质化审查，进一步提升伤害类案件审查办理的专业化、规范化水平。本辑“司法解释、司法指导性文件与解读”栏目重点收录了上述文件及其解读，旨在为办案人员提供权威参考和详细指引。

本辑“指导案例、典型案例与解读”栏目也专门收录了最高人民法院与中华全国妇女联合会联合发布的《反家庭暴力犯罪典型案例》。这些典型案例进一步提高了全社会对反家庭暴力的关注和重视，有利于切实维护妇女、儿童等家庭暴力受害者的合法权益，对施暴者、潜在施暴者形成有力震慑。同时，本栏目还收录了最高人民法院发布的《依法惩治非法生产、销售、使用窃听、窃照设备犯罪典型案例》和《依法惩治“蝇贪蚁腐”典型案例》，供相关领域工作人员在办理类似案件时借鉴使用。

此外，“法答网精选答问”栏目收录了“组织、领导传销活动罪专题”的咨询答疑，进一步细化和明确了相关概念及其认定，为司法实践提供了有力指导。“新类型疑难案例选评”栏目收录了《黄某交通肇事案》，作者对两次碰撞交通事故致人死亡的司法认定提出了自己的观点，可供审理相关案例时交流参考。

最新法律文件解读丛书
编　辑　部

兰丽专　（010）67550626

丁丽娜　（010）67550608

周　敏　（010）67550562

杨　洁　（010）67550656

路建华　（010）67550682

丁塞峨　（010）67550656

投稿邮箱：

《刑事法律文件解读》　xingshijiedu@ 163. com

《民事法律文件解读》　1216921515@ qq. com

《商事法律文件解读》　shangshijiedu@ 126. com

《行政与执行法律文件解读》　1290312696@ qq. com

目录

司法解释、司法指导性文件与解读

指导案例、典型案例与解读

法答网精选答问

司法实务问题研究

疑难案例选评

司法解释、司法指导性文件与解读

最高人民检察院

关于印发《人民检察院办理伤害类案件技术性证据实质审查工作规定》和《伤害类案件人体损伤程度鉴定意见专门审查指引》的通知

（2024年10月12日）

各省、自治区、直辖市人民检察院，解放军军事检察院，新疆生产建设兵团人民检察院：

为推动实现新时代检察机关高质效办好每一个案件的基本价值追求，强化伤害类案件技术性证据审查实质化，进一步提升伤害类案件审查办理的专业化、规范化水平，最高人民检察院结合工作实际，制定了《人民检察院办理伤害类案件技术性证据实质审查工作规定》和《伤害类案件人体损伤程度鉴定意见专门审查指引》，现印发你们，请认真抓好贯彻落实。贯彻落实中遇到的重要问题、形成的经验做法，请及时层报最高人民检察院。

人民检察院办理伤害类案件技术性证据实质审查工作规定

第一条 为高质效办好每一个案件，强化伤害类案件技术性证据审查实质化，进一步提升伤害类案件审查办理的专业化、规范化水平，根据法律和有关规定，结合检察工作实际，制定本规定。

第二条 本规定所指伤害类案件，是指行为涉及损害他人身体健康，破坏他人身体机能的刑事案件。

第三条 本规定中技术性证据实质审查，是指人民检察院在案件办理过程中，对案件中的鉴定意见、勘验笔录、检查笔录、视听资料、电子数据等技术性证据及其所依据的基础性材料，运用专业技术知识、逻辑和经验，对其合法性、客观性、关联性和科学性进行全面审查的活动。

第四条 开展技术性证据实质审查，应当遵守法律规定，遵循技术标准和规范，坚持客观公正、全面审查、科学解释原则。

第五条 检察官应当综合全案证据，审查判断技术性证据是否客观、真实反映案件事实，发现和排除技术性证据与其他证据之间、技术性证据与案件事实之间以及技术性证据之间的矛盾。需要对技术性证据进行专门审查的，可以按照有关规定交由检察技术人员或者其他有专门知识的人进行审查并出具审查意见。

检察技术人员应当运用专门知识，审查技术性证据及其基础性材料，解决案件中的专门性问题，为查明案件事实提供技术支持。

第六条 对伤害类案件鉴定意见的审查，应当着重审查鉴定机构和鉴定人是否具有法定资质，鉴定程序是否合法，检材是否可靠，鉴定时机是否适当，鉴定标准是否有效，鉴定方法和过程是否科学，鉴定依据是否充分，论证分析是否客观、全面、严谨，鉴定意见是否明确，鉴定意见与案件事实有无关联等。

应注重结合伤害类案件的特点，审查评定损伤程度、残疾等级依据的病历资料、检材是否完整、可靠，被害人后续治疗及恢复情况的相关材料是否收集移送，鉴定机构在伤情认定、标准适用方面是否符合专业规范要求，不同鉴定意见产生矛盾的原因等。

第七条 伤害类案件鉴定意见涉及成伤机制或致伤方式的，应当依据损伤的类型、部位、大小、程度、形态、分布等特征，结合案情和现场勘验、视听资料等情况，综合损伤形成过程及致伤物特征进行分析判断。着重审查损伤的性质、外力作用的方式、伤情新旧程度、损伤发生的生物力学或者病理生理学机制，排除诈伤（病）、造作伤、陈旧伤与攻击伤等。结合骨折部位与受力部位区分直接外力或是间接外力；结合损伤部位、形态、分布、试切创等特征排除造作伤。

第八条 伤害类案件鉴定意见涉及伤病关系的，应当调取与鉴定有关的病历资料、影像学资料等基础性材料，着重审查损伤或者疾病是否符合医学转归规律，分析既往损伤或疾病与本次损伤之间的关系，是否存在医疗介入因素等，综合判断伤病关系鉴定意见是否客观、准确。

通过审查致伤过程、病历资料、影像学资料、诊疗过程等，综合分析病理过程的连续性和时间间隔规律性。对于损伤与既往伤、病并存，损伤独自存在不能造成现有后果的，应着重审查是否对损伤程度降级评定或者不作评定。

第九条 伤害类案件鉴定意见涉及损伤形成时间的，应当依据损伤的形态特征，区分新鲜伤与陈旧伤，重点关注损伤的愈合过程及其动态变化，结合骨痂形成时间、创口愈合周期变化等，排除与案件无关的陈旧性损伤或者自身病理改变。

第十条 对勘验、检查笔录的审查，应注重结合伤害类案件的特点，关注证据收集、制作程序是否合法，通过审查勘验、检查笔录，根据作案工具、打斗痕迹、现场血迹分布等还原案发现场状况，判断犯罪嫌疑人案发时是否在现场、造成他人人身伤害的过程等。

第十一条 对视听资料的审查，应注重结合伤害类案件的特点，关注反映案件现场的录音、录像资料的来源，对提取情况是否有明确记录；现场录音、录像资料是否封存完好，形式要件是否齐备；录音、录像资料是否经过技术处理或者剪辑。注重审查视听资料显示时间与实际时间是否存在误差，是否有侦查人员、视听资料所有人、见证人签字捺印的时间校对说明，是否能够完整体现造成人身伤害的全过程等。

第十二条 对电子数据的审查，应注重结合伤害类案件的特点，关注电子数据的来源，是否移送原始存储介质，是否附有笔录、清单，形式要件是否齐备，电子数据取证方法是否符合相关技术标准，确保电子数据完整性、真实性、合法性。注重审查涉案的微信记录、手机短信记录、网上聊天记录、手机转账记录等电子数据，判断造成伤害后果的主观心态，是否共同犯罪，有无预谋、纠集、分工、实施等。

第十三条 在技术性证据审查过程中，发现证据收集不符合法定程序的，应当依法及时要求侦查机关予以补正或者作出合理解释；不能补正或者无法作出合理解释，可能严重影响司法公正的，对该证据应当依法予以排除。

第十四条 伤害类案件审查办理中，检察官可以就有关专门性问题向检察技术人员咨询，或者邀请检察技术人员列席检察官联席会议、参与案件会商研究等，协助解决专门性问题或者就专门性问题发表意见。

检察官讯问犯罪嫌疑人，询问被害人、鉴定人、证人等，调取与技术性证据相关的基础性材料，或者补充收集其他有关证据时，可以邀请检察技术人员协助。

第十五条 检察官在办理伤害类案件中，发现具有以下情形之一的，一般应当委托进行技术性证据专门审查：

（一）同一专门性问题有两份以上鉴定意见且相互矛盾无法排除的；

（二）起关键性作用的技术性证据与其他证据之间存在明显矛盾且无法排除的；

（三）当事人及其诉讼代理人、法定代理人、辩护人等对技术性证据提出异议，足以影响证据采纳的。

第十六条 检察官在办理伤害类案件中，发现具有以下情形之一的，可以委托进行技术性证据专门审查：

（一）对技术性证据中伤害行为与伤害结果之间因果关系、原因力大小等有疑问的；

（二）对技术性证据材料涉及的鉴定时机、致伤物推断、成伤机制、伤病关系等专业技术问题有疑问的；

（三）技术性证据材料决定罪与非罪、罪轻与罪重等关键性问题，对定罪量刑有重大影响的；

（四）对技术性证据与在案其他证据材料间存在的矛盾有疑问的；

（五）其他需要委托专门审查的情形。

第十七条 经审查，认为鉴定意见具有下列情形之一的，应当补充鉴定：

（一）原委托鉴定事项有明显遗漏的；

（二）发现新的有鉴定意义的证物的；

（三）对原鉴定证物有新的鉴定要求的；

（四）鉴定意见不完整，委托事项无法确定的；

（五）其他需要补充鉴定的情形。

第十八条 经审查，认为鉴定意见具有下列情形之一的，应当重新鉴定：

（一）鉴定机构或者鉴定人不具备鉴定资质的；

（二）鉴定人应当回避而未回避的；

（三）送检材料不真实或者不具备鉴定条件的；

（四）鉴定程序违法或者违反相关专业技术要求的；

（五）有证据证明鉴定意见确有错误的；

（六）其他可能影响鉴定客观、公正情形的。

重新鉴定时，应当另行指派或者聘请鉴定人。

第十九条 检察官委托开展技术性证据专门审查的，应当按照规定履行委托手续，移送相关证据材料。本院无相应专业检察技术人员的，可以按规定委托上级检察技术职能部门办理。

第二十条 检察技术职能部门接受委托后，应根据委托事项，依据相关规定，一般应在受理之日起 5 个工作日内完成并出具相关文书。对于疑难复杂、补充材料等情形需要延长审查时间的，应向委托部门说明原因后及时办理。

对伤害类案件中鉴定意见等技术性证据审查工作按照《伤害类案件人体损伤程度鉴定意见专门审查指引》等规定执行。

检察技术人员对技术性证据专门审查意见承担相应司法责任。

第二十一条 检察技术人员出具专门审查意见后，应当及时向检察官解释审查中发现的问题，必要时协助检察官开展重新鉴定、补充鉴定、补充收集和固定相关证据等工作，进一步完善证据体系。

第二十二条 技术性证据专门审查意见可以作为检察官判断运用证据或者作出相关决定的依据，必要时可以提交法庭。

第二十三条 人民法院决定开庭后，必要时，检察官可以邀请检察技术人员协助做好法庭讯问、询问、举证、质证、辩论等庭审中可能涉及的专门性问题的准备工作。

第二十四条 伤害类案件法庭审理中，检察官可以向法庭申请检察技术人员出庭，就相关专门性问题发表意见。

当事人或者辩护人、诉讼代理人对技术性证据专门审查意见有异议，人民法院认为检察技术人员有必要出庭的，检察技术人员应当出庭就审查意见进行解释说明。

第二十五条 对伤害类案件中涉及的疑难复杂专门性问题，检察官、检察技术人员可以组织召开专家论证会。专家费用参照相关规定从办案经费中列支。

检察官可以根据案件需要，邀请检察技术人员参加刑事和解、公开听证、公开宣告、当面答复等活动，就案件中的专门性问题进行解释说明。

在开展技术性证据实质审查中发现可能影响合法性、客观性、关联性和科学性的普遍性问题，检察官可以在检察技术人员的协助下对相关事项开展调查核实，向有关部门制发检察建议。

第二十六条 技术性证据的专门审查交由检察技术人员以外的其他有专门知识的人进行的，参照本规定及其他相关规定。

第二十七条 本规定自发布之日起施行。

《伤害类案件人体损伤程度鉴定意见专门审查指引》（略）。

解读《人民检察院办理伤害类案件技术性证据实质审查工作规定》*

最高人民检察院普通犯罪检察厅负责人、
检察技术信息研究中心负责人

为推动实现新时代检察机关高质效办好每一个案件的基本价值追求，强化伤害类案件技术性证据审查实质化，进一步提升伤害类案件审

* 编者根据《强化伤害类案件技术性证据实质审查 进一步提升伤害类案件审查办理质效——最高人民检察院普通犯罪检察厅负责人、检察技术信息研究中心负责人就〈人民检察院办理伤害类案件技术性证据实质审查工作规定〉和〈伤害类案件人体损伤程度鉴定意见专门审查指引〉答记者问》（载最高人民检察院网站）进行了整理修改。

查办理的专业化、规范化水平，最高人民检察院结合工作实际，制定并印发了《人民检察院办理伤害类案件技术性证据实质审查工作规定》（以下简称《工作规定》）和《伤害类案件人体损伤程度鉴定意见专门审查指引》（以下简称《专门审查指引》）。最高人民检察院普通犯罪检察厅负责人、检察技术信息研究中心负责人就相关情况进行了解读。

一、《工作规定》和《专门审查指引》的制定背景和目的

2022年，最高人民检察院会同公安部共同印发了《关于依法妥善办理轻伤害案件的指导意见》，其中明确规定对鉴定意见要进行实质性审查，这也是最初制定《工作规定》和《专门审查指引》的原因。随着研究的不断深入，我们发现司法实践中包括轻伤害案件在内的伤害类案件实际上存在不少共性问题和审查难点。一是伤害类案件常见多发，社会影响广泛。2023年，全国检察机关办理的审查起诉案件中涉故意伤害罪9万余人，数量在刑事罪名中居第六位，此外，过失致人重伤等侵犯公民人身权利犯罪，寻衅滋事、聚众斗殴等妨害社会管理秩序犯罪，交通肇事等危害公共安全犯罪中均可能涉及人身伤害，加上这些案件，则伤害类案件数量更多。这些案件是典型的发生在群众身边的案件，关乎老百姓人身安全和社会安宁。二是伤害类案件往往遇有技术专业问题，审查上存在难点。如鉴定意见等技术性证据，作为影响案件定罪量刑的重要证据，同时具有高度专业性，认定和处理不当容易埋下问题隐患、激化矛盾甚至出现冤错案件，从2024年1月至10月全国检察机关刑事申诉案件看，其中近2成涉及故意伤害案件的申诉，技术性证据的审查不当会影响案件办理质效与社会和谐稳定。三是伤害类案件中技术性证据审查工作有进一步予以规范的必要。对伤害类案件证据的审查，各地总体上能够细致审查、准确把握，但还存在有的案件对技术性证据实质审查能力不足、实质性不够，表现为过于依赖技术性证据结论，对多份矛盾鉴定意见存在审查判断困难等问题。

为深化落实《关于依法妥善办理轻伤害案件的指导意见》有关要

求，聚焦这一特定领域和与老百姓关系最为密切的身边案，进一步解决伤害类案件中的专业技术难题，提升办案质效，努力让人民群众在每一个司法案件中感受到公平正义，自2023年4月起，最高人民检察院普通犯罪检察厅会同检察技术信息研究中心组建专班，历时一年半研究制定了《工作规定》和《专门审查指引》。

二、《工作规定》的起草过程及其主要特点

《工作规定》的起草立足科学性、实效性，经广泛调研，持续深入研究论证，2023年7月，最高人民检察院形成《工作规定》的征求意见稿，向各省级检察机关和本院相关部门征求意见，过程中收到很多很好的意见建议，为增强《工作规定》的针对性、专业性和操作性，经充分吸纳相关意见，我们对适用范围、审查对象等内容进行了较大调整。自2024年5月起，最高人民检察院启动了第二轮大规模征求意见，除了向检察系统内再次征求意见外，还向最高人民法院、公安部、司法部等相关单位征求了意见，同时还当面听取了多位知名法学、法医学专家学者的意见，力求规范性文件科学、管用，经对100余条反馈意见逐条研究讨论并作出完善，最终形成了此次发布的文本。

《工作规定》有如下特点：一是立足普遍性，合理界定适用范围。《工作规定》所称的伤害类案件是指犯罪行为而非罪名，其适用范围覆盖了所有非法损害他人身体健康，破坏他人身体机能的刑事案件。从罪名上看，并不局限于典型的如故意伤害罪、过失致人重伤罪等，也涵盖交通肇事罪、寻衅滋事罪等可能涉及人身伤害的有关罪名。扩大了《工作规定》的适用范围，这也是我们在第一轮征求意见后作出的重大调整，以满足实践对技术性证据审查的广泛需求。二是立足实效性，全面涵盖审查对象。从司法实践看，对鉴定意见的审查是伤害类案件最核心最重要的内容之一，勘验笔录、检查笔录、视听资料、电子数据等技术性证据在还原犯罪过程等客观方面，往往具有其他证据种类无法比拟的特性。立足办案实际需要，《工作规定》将几类技术性证据均涵盖在

内，明确了实质化审查的对象是技术性证据及其所依据的基础性材料，同时还结合伤害类案件自身特点，阐明了不同技术性证据类型实质审查的要求与审查重点。三是立足检察一体履职，突出强调协作配合。《工作规定》明确了对证据审查后针对不同情形的处理方式，尤其对应当委托和可以委托开展技术性证据专门审查的情形，以及开展补充鉴定和重新鉴定的情形进行了规定。同时，对检察官和检察技术人员之间分工协作作出规定，明确检察官和检察技术人员各自职责范围内的审查重点、协作程序、工作要求、配合机制等，指引检察官在凭借自身专业知识、逻辑经验对技术性证据审查后仍难以作出实质性判断时，要注重发挥检察技术人员的专业优势，通过检察一体履职破解专业难题。检察官的案件审查与检察技术人员的技术审查互相配合、紧密联系，才能够实现实质化的审查目标，这也是本次《工作规定》的特点和《工作规定》及《专门审查指引》两份文件共同发布的原因。

三、关于伤害类案件中鉴定意见的实质审查

伤害类案件中，鉴定意见不仅是影响罪与非罪、此罪与彼罪、罪轻与罪重的重要证据、关键证据，也是申诉案件中提出异议较多的证据类型，尤其是多份鉴定意见同时存在的案件，鉴定意见的审查和认定更是常常成为争议焦点。为此，我们坚持问题导向，着力解决鉴定意见面临的突出问题。一是突出重点，用四个条款作出专门规定。《工作规定》对勘验和检查笔录、视听资料、电子数据等技术性证据审查的专门规定分别只有一条，但对鉴定意见审查的专门规定为四个条款，从条文数量上就体现出对鉴定意见审查的特别关注，也说明了鉴定意见在伤害类案件中的基础、核心作用。二是力求全面，聚焦争议点，从专业角度多方面予以提示。《工作规定》第六条主要结合实践中鉴定意见容易出现的问题，有针对性地作出提示性规定；第七条主要明确了成伤机制的审查要求及审查重点，旨在对具体案件研判成伤机制或致伤方式时作出指引，避免错案；第八条则针对伤病关系的审查进行了规定，特别是对于

损伤与既往伤、病并存，损伤独自存在不能造成现有后果的审查难点作出了指引；第九条主要涉及损伤形成时间的审查，重点提示应当注重区分新鲜伤与陈旧伤，排除与案件无关的陈旧性损伤或者自身病理改变的影响。三是区分情形，分别处理。《工作规定》既规定了在检察官难以凭借自身专业知识对技术性证据进行有效审查时，一般应当委托技术性证据专门审查的情形，也结合实践列出了可以委托审查的五种情形；既规定了应当补充鉴定的情形，也明确了应当重新鉴定的情形。通过区分情形，为检察官在对鉴定意见审查中遇到疑难点时如何处理和选择作出了规范和指引，既避免检察官忽视鉴定意见中的疑点，依赖鉴定结论，放弃审查职责，又准确区分了不同情形下的审查要求，给予可操作、条件明晰的工作指引，做到规范衔接。

四、关于伤害类案件技术性证据实质审查工作中检察官和检察技术人员的协同配合

伤害类案件办理过程中，对技术性证据实质审查坚持一体化履职尤为重要，需要充分发挥检察官和检察技术人员的协同配合作用，也就是在检察官对案件证据进行全面审查的基础上，通过检察技术人员对案件技术性证据进行专门审查，为查明案件事实提供技术支持，确保证据材料经得起检验。

在伤害类案件技术性证据实质审查工作中，检察技术人员可以发挥专业优势，配合检察官做好技术性证据的实质审查。一是对技术性证据的审查要做到实体性审查和程序性审查相结合，保证案件中鉴定意见等技术性证据的合法性、客观性、关联性和科学性；二是除对技术性证据本身审查外，还应加强对技术性证据所依赖的基础性材料进行审查，比如，出具鉴定意见所依据的病历资料、影像学资料、手术记录等，真正做到“实质审查”；三是对于伤害类案件，尤其是轻伤害案件，检察技术人员在充分了解案件具体情况的基础上，重点关注成伤机制、伤病关系、新旧伤等，增强案件关键证据的说理性，确保损伤程度鉴定意见的

准确性，避免因鉴定意见导致错案。

五、《工作规定》和《专门审查指引》的贯彻落实

一是认真把握文件精神，准确理解《工作规定》和《专门审查指引》的指导思想、工作原则和具体要求。检察官要紧紧围绕“高质效办好每一个案件”新时代检察履职基本价值追求，强化对伤害类案件技术性证据的实质审查，同时注重跳出“单打独斗”的惯性模式，通过检察技术人员的协助着力推动案件专门性问题的高质效解决。检察技术人员要从办案需要出发，找准专业技术人员的出发点和落脚点，针对技术性证据的矛盾点和争议焦点发力，坚持问题导向，以专门审查促进实质审查，全面提升法律监督效能。二是紧扣检察业务主线，补短板强弱项。检察业务和检察技术的协作配合不仅贯穿于审查逮捕、审查起诉、二审、申诉等不同诉讼环节中，也体现在检察官联席会议、案件会商研究等各项具体工作中，要结合工作实际，发挥部门优势、专业优势、地区优势等，进一步细化有关工作衔接、协作配合机制，确保两个文件的顺利实施和有效执行。三是不断提升基层检察官和检察技术人员证据审查能力和专业技术能力。伤害类案件多集中在基层，是技术性证据实质审查需要把好的第一道关，因此，伤害类案件办理和矛盾化解重在抓基层，贵在强基础，检察官和检察技术人员要增强工作主动性，协同提升此类案件技术性证据实质审查的专业化、规范化水平，注重加强审查意见的说理性，切实提升司法公信力。

（来源：最高人民检察院网站）

最高人民检察院

关于全面深化检察改革、进一步加强新时代检察工作的意见

（2024 年 12 月 5 日）

检察工作是党和国家工作的重要组成部分。为全面深化检察改革、进一步加强新时代检察工作，以检察工作现代化更有力支撑和服务中国式现代化，提出如下意见。

一、总体要求

1. 指导思想。坚持以习近平新时代中国特色社会主义思想为指导，全面贯彻习近平法治思想，深入贯彻党的二十大和二十届二中、三中全会精神，深刻领悟“两个确立”的决定性意义，增强“四个意识”、坚定“四个自信”、做到“两个维护”，深入贯彻《中共中央关于加强新时代检察机关法律监督工作的意见》，以加强检察机关法律监督为主线，以努力让人民群众在每一个司法案件中感受到公平正义为目标，加快推进检察工作理念、体系、机制、能力现代化，锻造忠诚干净担当的新时代检察铁军，为以中国式现代化全面推进强国建设、民族复兴伟业提供有力法治保障。

2. 基本原则。坚持党的绝对领导，旗帜鲜明走中国特色社会主义法治道路，把党的领导落实到检察工作各方面全过程。坚持以人民为中心，回应人民呼声，维护人民权益，接受人民监督，践行全过程人民民主。坚持把检察工作放到党和国家工作大局中谋划，自觉为大局服务、为人民司法、为法治担当，更好服务保障经济社会高质量发展。坚持检察履职内在统一于法律监督宪法定位，依法履行职能，敢于监督、善于监督、勇于自我监督。坚持系统观念，增强检察改革的系统性、整体性、协同性。坚持守正创新，坚定中国特色社会主义检察制度自信，全面深化和落实司法体制改革，在法治轨道上深化检察改革，推动加快建设公正高效权威的社会主义司法制度。

二、健全坚持党对检察工作绝对领导制度体系

3. 坚持和加强党中央集中统一领导。持续擦亮坚定拥护“两个确立”、坚决做到“两个维护”的鲜明政治底色，切实做到检察工作方向由党指引、检察工作原则由党确定、检察工作决策由党统领。严格落实“第一议题”制度，完善习近平总书记重要指示批示和党中央重大决策部署在检察机关落实机制。严格执行请示报告制度。

4. 持续加强党的创新理论武装。学深悟透习近平新时代中国特色社会主义思想，学思践悟习近平法治思想，健全以学铸魂、以学增智、以学正风、以学促干长效机制。加强理想信念教育和职业道德教育，分级分类开展检察人员政治轮训。

5. 完善检察机关党的建设制度机制。坚持以政治建设为统领，增强检察机关各级党组织政治功能和组织功能。做深做实政治素质考察，深化检察系统内巡视和政治督察。完善检察机关党员教育管理、作用发挥机制，推进党建和业务深度融合。加强新时代检察文化建设，培育“忠诚、为民、担当、公正、廉洁”的新时代检察精神，优化检察英模人物选树学习机制，让求真务实、担当实干成为检察人员的鲜明履职特征。

6. 健全检察机关意识形态工作机制。全面落实意识形态工作责任制，坚决捍卫意识形态安全。坚持敢于斗争、善于斗争，坚决抵制西方“宪政”“三权鼎立”“司法独立”等错误观点。常态化开展检察人员现实思想调查分析，落实谈心谈话制度。

三、完善服务党和国家工作大局制度体系

7. 服务推进国家安全体系和能力现代化。贯彻总体国家安全观，全面准确落实宽严相济刑事政策，推动实现高质量发展和高水平安全良性互动。推动健全国家安全体系，严厉打击危害国家安全、暴力恐怖等犯罪。协同完善公共安全治理机制，依法加大对危害生产安全犯罪、食品药品安全领域犯罪防治力度。协同推进社会治安整体防控体系建设，健全扫黑除恶常态化机制，依法严惩群众反映强烈的犯罪，推动完善“扫黄打非”长效机制。积极参与网络综合治理，促进网络空间法治建设。坚持和发展新时代“枫桥经验”，促进健全社会治理体系。深入推进检察信访工作法治化，落实领导干部带头接访制度，持续推进群众信访件件有回复，开展涉检信访矛盾源头治理。加强轻微犯罪问题研究，推动建立轻微犯罪记录封存制度。

8. 服务构建高水平社会主义市场经济体制。健全检察政策与宏观政策取向一致性评估机制。依法惩治走私、危害税收征管等犯罪，维护社会主义市场经济秩序。依法从严打击金融诈骗、破坏金融管理秩序等金融犯罪，推动健全金融证券领域行政执法和刑事司法衔接机制，惩治非法金融活动，有力维护金融安全。强化反垄断和反不正当竞争司法，促进构建全国统一大市场。对侵犯各种所有制经济产权和合法利益的行为实行同责同罪同罚，促进营造市场化、法治化、国际化一流营商环境。坚持和落实“两个毫不动摇”，保证各种所有制经济依法平等使用生产要素、公平参与市场竞争、同等受到法律保护。完善产权司法保护制度，依法平等长久保护各种所有制经济产权，防止和纠正利用刑事手

段干预经济纠纷，健全检察环节依法甄别纠正涉企冤错案件机制。加强高新技术、新兴产业、科技创新等领域知识产权司法保护，依法保护商业秘密，加强知识产权恶意诉讼监督，护航因地制宜发展新质生产力。

9. 服务保障和改善民生。践行司法为民宗旨，精准对接就业、社会保障、医药卫生、特定群体权益保障等民生领域改革部署，健全检察便民利民机制。完善保障妇女、残疾人、老年人等特定群体合法权益工作机制。加强和改进未成年人权益司法保护，依法严厉打击侵害未成年人犯罪，完善未成年被害人保护救助机制。实行教育、感化、挽救的方针，坚持“预防就是保护、惩治也是挽救”，依法惩治未成年人犯罪，规范适用附条件不起诉。强化未成年人犯罪预防和治理，推动罪错未成年人分级干预矫治，推动加强专门教育和专门矫治教育工作，深化社会支持体系建设，促进健全未成年人家庭、学校、社会、网络、政府和司法“六大保护”协同机制。完善司法救济保护制度，推动完善国家赔偿制度，优化刑事申诉案件办案程序。落实和规范司法救助制度，推动健全司法救助与社会救助衔接机制。

10. 服务深入推进党风廉政建设和反腐败斗争。融入党和国家监督体系，协同深化整治权力集中、资金密集、资源富集领域腐败。协同有效防治新型腐败和隐性腐败。配合健全追逃防逃追赃机制，依法规范有效适用违法所得没收程序和缺席审判程序。坚持受贿行贿一起查，加大行贿犯罪惩治力度，协同完善对重点行贿人的联合惩戒机制。

11. 服务其他领域重点改革。服务生态文明体制改革，加强生态环境检察工作，依法惩治破坏环境资源犯罪，发挥好公益诉讼在生态环境治理中的积极作用。服务完善城乡融合发展体制机制改革，加强涉农检察工作，助力乡村全面振兴。服务区域协调发展战略实施，加强区域内检察工作协作配合。服务文化体制机制改革，完善促进文化事业和文化产业繁荣发展检察举措，加强文化遗产司法保护。

四、健全强化法律监督工作机制

12. 完善刑事指控体系。贯彻证据裁判原则，完善证据收集、审查、运用机制，健全技术性证据专门审查制度，强化非法取证源头预防，严格落实非法证据排除规则。加强对关键证据的调查核实，规范自行补充侦查。推动完善刑事诉讼中的认罪认罚从宽制度，规范检察环节制度适用。依法规范不批捕、不起诉。强化庭审讯问询问、举证质证、法庭辩论等公诉能力建设。

13. 健全刑事诉讼全流程监督机制。落实加强人权司法保障要求，依法加强刑事诉讼法律监督。完善立案监督办案规范。依法监督纠正非法取证、违法适用强制措施等侦查活动违法行为，优化完善侦查监督平台。完善事前审查、事中监督、事后纠正等工作机制，依法加强对涉及人身权利强制措施以及查封、扣押、冻结等强制措施的监督。规范刑事案件指定管辖工作。加强对涉案财物处置的法律监督。深化社会危险性评估机制，加强羁押必要性审查，对逮捕后变更强制措施的，加强对取保候审、监视居住执行情况的监督。完善审查批准延长侦查羁押期限机制。健全上下联动抗诉工作机制。强化死刑复核监督。完善“派驻+巡回+科技”刑事执行监督机制，加强对刑罚变更执行、强制医疗执行、指定居所监视居住执行、财产刑执行等监督，强化对超期羁押、久押不决案件的监督。推进刑事案件律师辩护全覆盖。加强律师执业权利保障，完善便利律师参与诉讼机制。

14. 健全民事检察工作机制。构建各级检察院有区分、有侧重、有统筹的民事检察工作机制。精准开展民事诉讼监督，加强生效民事裁判、民事审判活动违法行为监督。充分保障当事人申请监督权利，完善下级检察院提请抗诉程序设置。规范适用民事再审检察建议。推进个案监督与类案监督相结合，注重发现和纠正深层次违法问题。配合国家执行体制改革，强化对民事执行的全程监督。推动完善虚假诉讼防范、发现和惩治机制。依法开展支持起诉工作，保障特定群体依法有效行使诉权。

15. 健全行政检察工作机制。完善行政诉讼监督机制，加大行政裁判监督力度，加强行政审判和执行活动违法行为监督，深化行政非诉执行监督。结合办理行政诉讼监督案件，协同人民法院、行政机关依法规范推进行政争议实质性化解。在履行法律监督职责中发现行政机关违法行使职权或者不行使职权的，依照法律规定制发检察建议等督促纠正。

16. 健全公益诉讼检察工作机制。聚焦“公益保护”，准确把握“可诉性”基本要素，依法规范办理案件。规范制发公益诉讼检察建议，加强检察建议与提起诉讼有机衔接。健全符合公益诉讼检察特点规律的办案规范体系，完善不同领域公益诉讼办案标准和“可诉性”判断指引。完善跨区域公益诉讼检察协作机制。配合加快推进检察公益诉讼立法。

17. 健全检察机关办理直接受理侦查案件工作格局。坚持依法稳慎、务必搞准，严格依法把握检察机关立案侦查的职能定位和适用条件。完善检察机关侦查管辖案件立案追诉标准。依法查处司法工作人员利用职权徇私枉法、非法拘禁、刑讯逼供等犯罪行为。规范检察机关对公安机关管辖的国家机关工作人员利用职权实施的重大犯罪案件依法决定立案侦查的标准、程序和工作机制。优化案件线索管理，健全办案机制，强化现代化侦查手段运用，健全直接立案侦查案件内部衔接配合和制约监督机制。推进检察机关立案侦查工作专业化建设。

18. 完善涉外检察工作体系。融入涉外法治工作大协同格局，构建协同高效的涉外检察实施体系。依法办理涉外案件和刑事司法协助案件，依法办理领事通知和领事探视，依法平等保护中外当事人合法权益，维护我公民、法人海外合法权益。深化执法司法国际合作，巩固拓展双边多边检察合作机制，推动检察国际合作谅解备忘录落实，服务高质量共建“一带一路”和高水平对外开放。

19. 加强军事检察工作。支持军事检察机关履行法律监督职责，融入中国特色军事法治体系建设。加强多层次军地检察协作，依法维护国防利益和军人军属合法权益。联合开展公益诉讼专项监督，依法保障部队战备、训练秩序。

五、健全检察机关公正司法体制机制

20. 落实和完善司法责任制。全面准确落实、不断健全完善司法责任制，细化完善检察官职权清单、检察辅助人员职责清单、入额院领导办案清单、业务部门负责人审核清单，强化检察委员会、检察长、业务部门负责人等司法办案监督管理职责。健全司法办案组织及运行机制，加强司法责任制的督促落实。严格落实检察官办案质量终身负责制和错案责任倒查问责制，完善司法责任认定和追究机制。健全检察官惩戒制度。

21. 健全依法一体履职、综合履职机制。落实和完善检察工作上下级领导体制，优化上下统一、横向协作、总体统筹的一体履职机制。健全内部法律监督线索移送机制，探索建立法律监督线索库。规范落实上级检察院统一调用辖区检察人员办案制度。完善未成年人检察、知识产权检察等领域“四大检察”综合履职。

22. 完善检察监督方式。完善重大监督事项办理程序。规范和加强调查核实工作，明确适用范围、方式、程序和规则。规范检察建议工作。探索建立重大法律监督事项跟进监督、接续监督等机制。

23. 健全检察业务管理、案件管理和质量管理机制。持续推进检察业务管理现代化，完善业务研判、指导、评价体系，健全案件质量检查评查制度，压实业务部门自我管理、案件管理部门专门管理和相关部门协同管理责任。取消一切对各级检察机关特别是基层检察机关的不必要、不恰当、不合理考核，更加注重业务管理、案件管理、质量管理，把“高质效办好每一个案件”作为新时代新征程检察履职办案的基本价值追求。深化研究运用“四大检察”的履职结构比，依程序办案与依职权监督的案件结构比，依程序移送、依申请受案与主动发现的案源结构比，推动检察职能全面协调充分发展。

24. 完善执法司法相互配合制约机制。协同健全监察机关、公安机关、检察机关、审判机关、司法行政机关各司其职，监察权、侦查权、检察权、审判权、执行权相互配合、相互制约的体制机制。健全侦查监督与协作配合机制，检察机关对相关监督线索经依法调查核实后，需要监督纠正的，应当及时向侦查机关提出监督意见、检察建议；健全重大疑难案件听取意见机制，依法提出意见建议。推动完善行政处罚和刑事处罚双向衔接机制，健全信息共享、案情通报、案件移送制度，规范办理检察机关向行政机关移送的案件。落实“推进执纪执法和刑事司法有机衔接”要求，加强与监察机关管辖案件的衔接协调和办案协作，依法规范提前介入监察调查工作。完善检察机关立案侦查案件监检衔接机制。完善履行法律监督职责中发现的党员、公职人员违纪或者职务违法、职务犯罪线索向纪检监察机关移送机制。落实检察长列席法院审判委员会会议制度。

25. 健全检察权运行制约监督机制。完善接受党委政法委对执法司法活动的监督等工作机制，健全接受人大监督和民主监督机制，自觉接受社会监督、舆论监督。完善人民监督员制度。坚持“应听证尽听证”，完善听证员选用管理机制，规范检察听证工作，提升听证质效。自觉接受公安机关、审判机关、司法行政机关履职制约，切实保障法律监督工作依法有序开展。加强上级检察院对下级检察院司法办案工作的监督，健全指令纠正或者依法撤销、变更下级检察院错误决定制度。加强司法办案廉政风险防控，合理设置内部把关流程。规范刑事申诉等案件反向审视工作。

26. 深化和规范检务公开。推进检务公开规范化建设，优化检务公开的内容、程序和方式。常态化开展检察开放日活动。推进检务公开与便民服务集约融合。改进检察机关法治宣传教育，落实“谁执法谁普法”的普法责任制，构建全媒体检察宣传格局，完善推进法治社会建设机制。

六、建设高素质专业化检察队伍

27. 加强领导班子建设。履行协管职责，协同选优配强管好地方检察院领导班子。鲜明树立选人用人正确导向，大力选拔政治过硬、敢于担当、锐意改革、实绩突出、清正廉洁的检察干部。加强领导干部交流任职，推进领导干部能上能下常态化。树立和践行正确政绩观，健全有效防范和纠治政绩观偏差工作机制。加强优秀年轻干部针对性培养使用。统筹做好检察系统女干部、少数民族干部和党外干部培养选拔工作。

28. 加强检察队伍专业素能建设。深化人才强检战略，加强政治与业务融合培训，健全常态化培训特别是基本培训机制，开展岗位练兵、业务竞赛等专业训练和实践锻炼，推动检察人员善于从纷繁复杂的法律事实中准确把握实质法律关系，善于从具体法律条文中深刻领悟法治精神，善于在法理情的有机统一中实现公平正义。用足用好各类人才招录（聘）引进政策，健全“选育管用”一体机制，构建知识产权、金融证券、涉外检察、数字检察等紧缺法治人才培养机制。

29. 健全检察组织机构。优化内设机构和办案组织设置。统筹推进铁路、林区、垦区、矿区、油田等检察院改革，完善对专门法院、巡回法庭等法律监督机制。优化刑事执行派出检察院布局。因地制宜规范派出检察室建设。

30. 健全检察队伍管理机制。深化检察人员分类管理改革，完善检察官逐级遴选制度，优化检察官助理分阶段培养和履职管理，规范检察人员有序交流。完善司法警察履职机制，优化调整编队管理模式。推动落实专业技术类公务员改革，规范事业编制人员管理培养，完善聘用制书记员招聘和管理机制。进一步优化检察人员考核评价机制。

31. 完善从优待检和履职保护制度。推动完善司法辅助人员、司法行政人员职业保障政策，加强检察官权益保障。加强对敢担当善作为干部的激励保护。准确把握和落实“三个区分开来”，完善检察人员依法履职不实举报澄清机制。

32. 健全全面从严治检体系。深入推进检察机关党风廉政建设和反腐败斗争，压紧压实全面从严治检主体责任，支持配合派驻纪检监察机构工作，完善检察机关一体推进“三不腐”、防治“灯下黑”机制。建立经常性和集中性相结合的纪律教育机制，深化运用监督执纪“四种形态”，综合发挥党的纪律教育约束、保障激励作用。锲而不舍落实中央八项规定及其实施细则精神，健全防治形式主义、官僚主义制度机制。完整准确执行防止干预司法“三个规定”，健全应录尽录、常态化甄别核查、案件倒查等工作机制。

33. 强化基层基础建设。树牢大抓基层鲜明导向，健全对基层检察院分类指导、领导干部定点联系、业务部门对口指导、基层检察院结对共建和创先争优等制度机制。深化对口援助帮扶、巡讲支教等工作，坚持检力向办案一线和艰苦边远地区倾斜。健全为基层减负长效机制。

34. 加强法律政策和检察理论研究。健全法律政策研究工作体系。积极配合做好相关法律的制定、修改工作，制定完善重点领域、新兴领域相关司法解释，完善指导性案例、典型案例选用机制，持续建好用好检察案例库。健全司法解释和案例指导工作协作机制。深化检察理论研究，健全中国特色社会主义检察学学科体系、学术体系、话语体系。深化检学研共建机制，加强检校合作，建好检察研究基地，推动法学院校开设检察学、检察实务课程。

七、健全检务保障和科技支撑机制

35. 完善检察机关经费保障机制。因地制宜、积极稳妥推进省以下检察院财物统一管理改革。制定实施各省区市检察业务装备标准，优化办案用房和专业技术用房功能设置。健全预算制度，加强财会监督，突出绩效导向，提升科学管理水平。

36. 以科技赋能法律监督。深入实施数字检察战略，深化“一张网”检察信息化架构，推进检察智能化数字化基础设施建设。充分释放数据要素价值，有效发挥成熟数据模型作用。积极探索大数据、区块链、人工智能等技术辅助司法办案。构建新时代检察技术工作格局，深化业务与技术协同机制，加强实验室体系建设，完善检察机关司法鉴定管理。积极参与国家重点研发计划科研项目和应用示范，协同开展司法领域关键问题科研攻关，推动科研成果有效转化。

各级检察院党组要加强组织领导，把全面深化检察改革、进一步加强新时代检察工作摆上重要议程，科学制定改革任务书、时间表、优先序，细化工作举措，强化督导检查，以钉钉子精神抓好各项改革任务落实，持续推进习近平法治思想的检察实践，以检察工作现代化支撑和服务中国式现代化。

解读《关于办理证券期货违法犯罪案件工作若干问题的意见》*

张建忠** 罗 曦*** 叶丽芳****

为贯彻落实党的二十届三中全会精神和中央金融工作会议精神，依法从严打击证券期货违法犯罪，现就2024年最高人民法院、最高人民检察院、公安部、中国证券监督管理委员会印发的《关于办理证券期货违法犯罪案件工作若干问题的意见》（以下简称《意见》）的修订背景和主要内容解读如下，以便于司法实践中正确理解和适用。

一、《意见》的修订背景与过程

2011年4月，最高人民法院、最高人民检察院、公安部、中国证券监督管理委员会联合印发《关于办理证券期货违法犯罪案件工作若干问题的意见》（以下简称2011年《意见》），完善了证券期货违法犯罪案件办理行政执法与刑事司法衔接机制，建立了证券期货监管机构与公检法机关的会商及互相配合工作机制，对行政案件移送刑事诉讼程序、证据调取、级别管辖等作出明确规定。2011年《意见》在规范证

* 该意见收录在《刑事法律文件解读》总第228辑。本文系2023年度最高人民检察院检察理论研究重点课题“金融证券检察体制机制研究”（GJ2023B11）的阶段性研究成果。

** 作者单位：最高人民检察院经济犯罪检察厅。

*** 作者单位：最高人民检察院驻中国证监会检察室。

**** 作者单位：浙江省温州市人民检察院。

券期货案件办理，发挥部门合力，依法从严惩治犯罪方面发挥了积极作用。2011年1月至2023年12月，全国检察机关证券期货案件共起诉826件1797人，其中，2021年、2022年、2023年起诉案件数同比分别上升52.3%、34.3%、43.3%；办理了康某药业、康某新、獐某岛、格某地产、伊某顿、徐某、马某等一批有重大社会影响的财务造假、操纵市场、内幕交易、利用未公开信息交易等重点领域案件，形成打击证券期货犯罪的高压态势。

近年来，随着资本市场改革发展和经济金融形势深刻变化，证券期货违法犯罪呈现出新的特点。财务造假及背信损害上市公司利益等犯罪大幅增多，内幕交易、操纵市场等交易类犯罪持续高发，利用FOF基金（一种专门投资于其他投资基金的基金）、场外期权等复杂金融产品实施犯罪的情况频发，犯罪手法愈加隐蔽多样，涉案人员的反侦查意识更强，案件查办难度进一步加大。为应对打击形势变化，党中央、国务院对证券期货违法犯罪作出零容忍的部署，要求依法严厉查处证券期货违法犯罪案件，刑法修正案（十一）提高了多个证券期货犯罪的法定刑，作为配套机制的规定应当及时进行修改，以期与中央文件及刑法规定保持协调一致。为此，最高人民检察院会同最高人民法院、公安部、中国证券监督管理委员会在2011年《意见》的基础上，深入调查研究，广泛征求意见，反复论证完善，全面充实修改后印发。

二、《意见》修订中的主要考虑和实施要求

在修订过程中，为确保内容科学合理，有效指导司法办案，回应实践需求，主要有以下三个方面的考虑。

一是贯彻新要求，落实零容忍。党的二十大、中央经济工作会议、中央金融工作会议明确了“推进金融高质量发展”“更好发挥资本市场枢纽功能”的目标，强调要以全面加强监管、防范化解金融风险为重点，牢牢守住不发生系统性金融风险的底线，严厉打击金融犯罪。2021

年，中共中央办公厅、国务院办公厅印发《关于依法从严打击证券违法活动的意见》（以下简称《两办意见》），要求坚持零容忍原则，依法严厉查处证券违法犯罪案件。《意见》认真贯彻落实上述新要求，强调“严”的主基调，对重点领域、高发类型、关键人员的依法从严惩处提出明确要求，对正确落实零容忍要求和贯彻宽严相济刑事政策提出把握标准，为维护良好资本市场秩序、推动长期平稳健康发展提供有力司法保障。

二是坚持问题导向，解决办案难题。针对实务中证券期货违法犯罪手段隐蔽，取证难、认定难，管辖争议多，部分环节衔接不畅等问题，《意见》根据刑法、刑事诉讼法以及相关司法解释的规定，进一步从行刑衔接，案件管辖，证据的收集、审查与运用等方面对证券期货犯罪案件的办理规则作出了系统规定。

三是吸收既有经验，形成治理合力。2011年以来，中央和地方证券期货监管机构、公检法机关根据具体实践情况，在强化执法司法协作方面作了诸多有益探索。2021年，最高人民检察院设立驻中国证券监督管理委员会检察室，并与最高人民法院、公安部、中国证券监督管理委员会建立了信息共享、联合挂牌督办、工作会商等一系列协作配合机制。《意见》在总结既有经验的基础上，将运行成熟的各项协作配合机制予以提炼明确，便于各方实践操作。

《意见》印发后，党的二十届三中全会提出“健全投资和融资相协调的资本市场功能，防风险、强监管，促进资本市场健康稳定发展”等新要求。检察机关在《意见》实施过程中要紧密结合、贯彻落实好中央各项部署要求，严格依法规范办案程序与工作机制，以高质效检察履职服务保障资本市场高质量发展。

三、《意见》的主要内容

《意见》共31条，主要包括总体要求，行政执法与刑事司法的衔接，刑事案件的管辖，证据的收集、审查与运用，坚持依法从严打击，完善协作配合机制等六部分内容。

（一）关于办理证券期货违法犯罪案件的总体要求

一是坚持零容忍要求，依法从严打击。为贯彻落实党中央决策部署，《意见》第一条从“加大查处力度，完善全链条打击、全方位追责体系”与“正确贯彻宽严相济刑事政策”两方面强调“严”的主基调，以及依法从宽的要求。该条对各环节依法从严提炼出了“应移尽移、当捕则捕、该诉则诉，严格控制缓刑适用”的核心要求：对于符合刑法、司法解释和立案追诉标准规定，涉嫌犯罪的案件，证券期货监管机构应当依法移送公安机关；对于具有社会危险性，可能毁灭、伪造证据，干扰证人作证或者串供，以及有再犯危险等的犯罪嫌疑人、被告人，公安机关应当依法提请逮捕，检察机关应当依法批准逮捕，法院应当依法决定逮捕；对于构成犯罪，应当追究刑事责任的犯罪嫌疑人，检察机关应当依法提起公诉；对于犯罪情节恶劣、获利或者造成损失巨大、危害后果严重的被告人，法院应当依法严格控制缓刑适用，做到罪责刑相适应。对于该项要求，《意见》在第五部分作了专章规定。

二是加强工作协同，形成工作合力。证券犯罪案件多由行政机关调查后移送刑事处理，包括线索移送、立案侦查、批捕起诉、审判、反向移送等过程，在行政执法与刑事司法衔接过程中需要各方配合协作与制约监督，形成高效打击违法犯罪的合力。《意见》根据证券案件办理实际情况，从行政调查到刑事审判全流程强调“健全完善工作机制”“不断强化证据和程序意识”，并在第二部分、第三部分、第四部分、第六部分重点对各环节如何衔接、移送，案件管辖如何确定，行政证据、刑事证据的标准及差异，以及各部门之间的协作配合机制等进行规定。

三是凝聚执法司法共识，提升专业化水平。证券期货违法犯罪具有很强的隐蔽性、专业性、复杂性，查办难度大，行政执法与刑事司法在调取证据、证明标准、法律适用等方面也存在差异，因此，“明确执法办案标准和政策把握尺度，统一法律理解与适用”具有重要意义。《意见》第三条结合实践经验，规定“通过联合制定规范性文件、联合发布典型案例等方式”，凝聚执法司法共识，并对优化机构设置、加强办案基地、审判基地建设、提升专业化水平等提出要求，相应内容在第三部分、第六部分分别作出具体规定。

（二）关于行政执法与刑事司法的衔接

为解决实务中出现的部门权责不清晰、争议解决途径不明确、衔接不顺畅等问题，与现行的刑事诉讼法、行政处罚法等相关法律规定保持一致，《意见》第二部分专门就行政执法与刑事司法的衔接作出规定，细化相关程序要求，明确检察机关的法律监督职责。

一是细化了证券期货监管机构与公安机关在移送案件及立案活动中的程序要求。《意见》第四条、第五条分别对证券期货监管机构的移送活动、公安机关的立案活动作出规定，强调应当及时移送、及时立案，明确了检察机关法律监督职责，同时，对两环节中的重点问题予以规定。

《意见》第四条对证券期货监管机构移送的案件，明确证券期货监管机构向公安机关移送案件时的具体材料，以方便实务中统一操作；同时，考虑检察机关依法及时介入引导取证以及对是否依法移送实施法律监督的需要，确立了向同级检察机关抄送制度。需要说明的是，实务中，公安机关立案侦查的证券违法犯罪案件来源有两种：一种是由证券期货监管机构移送，目前主要是中国证券监督管理委员会向公安部“总对总”移送；另一种是公安机关自行立案侦查。该条针对的是第一种来源的案件。《意见》第五条对是否立案存在争议的案件，证券期货监管机构可以向公安机关申请复议，检察机关依法实施监督，充分体现各办案单位互相配合、互相制约的关系。需要注意的是，与第四条主要由公安部接收中国证券监督管理委员会线索移送不同，是否立案的决定由经公安部交办的地方公安机关作出，因此，受理申请复议的公安机关和实施法律监督的检察机关均为相应的办案单位。

二是增加了反向移送的具体流程。对于部分未经行政处罚即由证券期货监管机构移送公安机关的案件以及公安机关自行侦查的案件，在侦查、审查起诉、审判环节不追究刑事责任，但又涉嫌行政违法，应当给予行政处罚的，《意见》第六条规定了反向移送程序。该规定是《意见》的一个重要亮点，其核心是不让违法犯罪分子获得任何经济上的好处，解决长期以来实践中反向移送路径不明的问题。对于该条的适用应当注意以下三点。

其一，反向移送的依据。不是任何作出不追究刑事责任决定的案件都可以或者必须反向移送，应当是“有证据证明存在证券期货违法行为”，即有违法事实存在、违反证券期货法律法规禁止性规定，公安、司法机关应当在作出决定、判决的一个月内提出意见并附生效法律文书、证据材料和处理根据。需要说明的是，对于检察机关作出存疑不起诉的案件，由于刑事证明标准高于行政证明标准，对于虽不符合刑事诉讼“事实清楚、证据确实充分”标准，但可能符合行政执法“明显优势证据标准”的案件，应当依法移送，由行政机关依法审查，作出处理决定。对行政、刑事不同证明标准，《意见》第十六条进一步予以明确。

其二，反向移送的两种方式。由于证券犯罪案件有“总对总”移送和地方公安机关自行立案侦查两种，反向移送也相应地规定了两种方式。对于“总对总”由中国证券监督管理委员会向公安部移送的，公安机关沿原路径，层报公安部移送中国证券监督管理委员会处理；检察机关、法院平行移送至原负责案件调查的证券期货监管机构，原调查单位可能是中国证券监督管理委员会，也可能是地方证监局。对于地方公安机关自行立案侦查的，按照属地管辖原则，公安机关、检察机关、法院均移送本地证券期货监管机构，需要强调的是，公安机关需层报至省级公安机关移送。

其三，反向移送要有回复。证券期货监管机构应当及时向移送单位书面通报案件处理情况，实现案件处理闭环。

（三）关于刑事案件的管辖

2011年《意见》确立了证券期货犯罪的一审案件由中级法院管辖，同级公安机关、检察机关侦查、起诉的原则，集中专业力量办理疑难复杂案件。经过十余年的司法实践，专业化办案队伍逐步形成，证券期货犯罪在级别管辖上已形成惯例且运行顺畅，《意见》第七条对此予以保留。

随着通信技术和互联网技术的高速发展，当前证券期货犯罪具有明显的网络化、跨地区、多环节交易的特点；同时，随着犯罪手段的演化更新，证券期货犯罪出现了较为明显的链条化、专业化分工的特点。例如，操纵类犯罪常会有操盘、配资、“黑嘴”等不同环节和团队实施，财务造假类犯罪常会有做假账、虚假披露、中介配合等不同环节和团队实施。基于这些特点和情况，证券期货案件的犯罪行为地、犯罪结果地等管辖问题较传统犯罪更为复杂，如何科学确立管辖连接点、合理解决管辖争议、提高办案效率成为司法实践中的难点问题。针对上述问题，《意见》第八条至第十三条对案件管辖作出规定。

一是确立管辖原则，明确管辖权争议规则。根据刑事诉讼法第二十五条刑事案件以属地管辖为主、属人管辖为辅的原则，同时，考虑到解决管辖争议，避免趋利性执法，控制不必要的指定管辖，《意见》第八条至第十二条的规定总体体现了法定管辖为原则，指定管辖为例外的原则。

因证券犯罪管辖连接点较多，易出现多个犯罪地公安机关均有管辖权的情形，对此，《意见》第八条明确了以犯罪地为原则、以居住地为例外的管辖权争议解决规则。从诉讼便利的角度考虑，由最初受理的公安机关管辖；最初受理地并非主要犯罪地的，为便于查明全案事实，可以移送主要犯罪地的公安机关管辖；从查明事实与诉讼便利的平衡角度考虑，由犯罪嫌疑人居住地公安机关管辖并不影响查明犯罪事实，且诉讼更为便利的，可以由犯罪嫌疑人居住地公安机关管辖；发生争议的协商解决，协商不成的由共同的上级公安机关指定管辖。

二是明确案件管辖连接点，补充犯罪地、居住地条款。根据刑事诉讼法及相关司法解释的管辖规定，同时考虑证券期货犯罪兼具财产犯罪属性与网络犯罪特征，《意见》第九条根据证券期货交易、发行和信息披露的特点与流程，对犯罪地予以规定。其中，前五个是针对内幕交易、操纵市场、利用未公开信息交易等交易类犯罪特征所列举的常见犯罪地，包括账户开立地，交易申报指令发出地、撮合成交地，交易资金划转指令发出地，交易所及登记结算机构所在地，内幕信息传出地、接收地等。需要注意的是，“交易申报指令发出地”是操作证券期货交易系统的下单地，“交易指令传出地”是指使他人进行交易的指令发出地。第六个“隐瞒重要事实或者虚假的发行文件、财务会计报告等信息披露文件的虚假信息编制地、文件编写和申报地、注册审核地，不按规定披露信息的隐瞒行为发生地”指欺诈发行证券罪，违规披露、不披露重要信息罪两个财务造假犯罪的犯罪地。财务造假犯罪包括财务造假和信息披露两个环节，因此，犯罪地既包括造假行为地（信息编制、文件编写地），也包括虚假披露地（申报地、注册审核地）；造假行为既包括篡改编写数据造假，也包括隐瞒重大事项造假，因此，犯罪地既包括虚假信息编制地，也包括隐瞒行为发生地。第七个“犯罪所得的实际取得地、藏匿地、转移地、使用地、销售地”是犯罪结果地。第八个“承担资产评估、会计、审计、法律服务、保荐等职责的中介组织提供中介服务所在地”，对证券期货犯罪中常见的中介组织为帮助或者放任上市公司等信息披露义务人造假，实施提供虚假证明文件、出具证明文件重大失实犯罪的犯罪地予以明确。

三是明确并案处理规则。证券犯罪具有明显的专业化、链条化特征，分工日益精细，各环节犯罪相互关联、涉案人员较多、先后到案等情况较为常见。为便于全面查清案件事实、提高办案质效，《意见》第十一条对可以并案处理的情形予以明确，包括：一人犯数罪的；共同犯罪的；共同犯罪的犯罪嫌疑人、被告人还实施其他犯罪的；多个犯罪嫌疑人、被告人实施的犯罪存在关联，并案处理有利于查明案件事实的；等等。对于并案处理的案件，办案单位对部分犯罪事实有管辖权的，则对全案有管辖权；对部分犯罪嫌疑人、被告人有管辖权的，即对全部犯罪嫌疑人、被告人有管辖权。

四是加强证券期货违法犯罪侦诉衔接配合。对于确有必要指定管辖的案件，上级公安机关指定下级公安机关管辖后，办案单位向检察机关提请批准逮捕的，为保障侦查活动顺利进行，同级检察机关应当受理，不因未办理检察环节指定管辖手续影响审查逮捕工作。公安机关侦查终结移送审查起诉的，由于同级检察机关没有管辖权，需审查认定是否确有必要指定管辖，如有必要，逐级报请指定管辖；如无必要，移送其他检察机关审查起诉。具体手续按照2019年最高人民检察院《人民检察院刑事诉讼规则》的有关规定办理。

五是进一步发挥基地的集中优势，加快办案进度。最高人民法院、最高人民检察院、公安部分别在北京、上海等多地设立证券期货犯罪办案基地、审判基地，组建了相对独立的证券犯罪办案团队，各基地在办案数量、质量和影响力等方面都起到“排头兵”的作用。为进一步加强办案基地、审判基地建设，提高证券期货犯罪专业化水平，《意见》第十三条规定了相对集中管辖原则，对于确有必要指定管辖的案件（主要是指重大疑难复杂证券犯罪案件），原则上指定办案基地公安机关、检察机关、法院侦查、起诉、审判，并适当简化指定管辖办理手续。

（四）关于证据的收集、审查与运用

证券违法犯罪案件办理专业性强，且证据庞杂分散、易灭失，为保证案件顺利查办，需要证券期货监管机构、公安机关在初查阶段就开展全面调查核实和证据收集工作。《意见》第十四条至第十八条根据证券期货违法犯罪特征确立了“应收集尽收集、尽早收集”的取证原则，根据执法司法发展现状完善电子证据取证程序和要求，针对涉众型证券期货犯罪规定了言词证据收集使用方法，为回应实务争议对行政认定意见性质予以明确。重点如下。

一是进一步完善统一电子数据的收集使用标准。当前，证券交易以网络交易为主，相关客观性证据多以电子数据的形式体现。2011 年《意见》规定以电子数据形式调取金融机构留存的记录资料和信息披露义务人的信息披露公告的证据要求。随着交易系统和方式不断发展，电子数据不再局限于上述两大类，而且相关司法解释和规范性文件对电子数据的收集使用审查规定了更加明确的标准，因此，《意见》第十五条对原有规定进行了补充完善。增加第一款规定，对于证券期货违法犯罪应当注重收集客观证据，收集提取电子数据应当遵守法定程序、遵循有关技术标准。考虑执法司法取证标准不同，为保证电子数据在行刑衔接时的有效转化，证券期货监管机构、公安机关在调取电子数据时需统一执法司法标准。对涉嫌犯罪的案件，证券期货监管机构除了根据相关行政法律法规进行取证外，还需要符合刑事诉讼法对电子数据的证据标准，保证电子数据的真实性、合法性、完整性。该条第二款、第三款沿用了原规定金融机构留存的记录资料和信息披露义务人的信息披露公告的电子数据取证程序和标准的规定，并根据刑事诉讼法和相关司法解释规定的电子数据证据标准，增加“完整性校验值”要求，防止数据被篡改。

二是明确证券期货案件行政违法与刑事司法的不同证明标准，总结借鉴司法实践经验，明确海量证据的取证规则。《意见》第十六条第一款、第二款分别规定了行政执法“明显优势证据”的违法事实认定标准和刑事诉讼“证据确实、充分，排除合理怀疑”的定案标准。相较于刑事侦查手段，行政执法调取证据能力有限，其根据已经调取的证据以“明显优势证据”标准认定违法事实具有法律依据，同样以该标准认定的违法事实符合刑事立案追诉标准的即可作为犯罪线索向公安机关移送。案件进入刑事程序后，不能仅依据行政机关移送的证据定案，公安机关应当进一步查清全案，符合“证据确实、充分，排除合理怀疑”标准的，才能认定案件事实，公检法机关依法移送、起诉、审判。

《意见》第十六条第二款还强调“没有犯罪嫌疑人、被告人供述，证据确实、充分的，可以认定案件事实”，主要针对内幕交易、利用未公开信息交易等隐蔽性强的证券犯罪。由于该类案件信息传递常具有单线联系特征，被告人达成攻守同盟否认传递信息、否认利用信息进行交易的“零口供”案件较为常见，对被告人拒不供认犯罪事实的，检察机关应当要求公安机关有针对性地充分收集其他证据，进行综合分析判断。对于没有被告人供述，但其他证据均查证属实且相互印证，形成完整的证明体系，根据证据认定案件事实足以排除合理怀疑，能够得出唯一结论的，应当依法认定案件事实。

《意见》第十六条第三款对涉众型案件言词证据的收集方法作了规定。部分证券犯罪具有投资者众多、海量证券账户、海量银行交易记录等特点。对受害投资者、名义账户持有人逐一查证，不仅成本过高，也不符合客观实际。为解决该问题，2011 年《意见》规定“在已收集的证据能够充分证明基本犯罪事实的前提下，公安机关可在被调查对象范围内按一定比例收集和调取书证、被害人陈述、证人证言等相关证据”。《意见》延续了 2011 年《意见》的精神，同时根据“证据确实、充分的证明标准”，将“无法逐一收集”的证据种类限制在“言词证据”，明确“办理涉众型证券期货违法犯罪案件，因客观条件限制无法逐一收集言词证据的，可以根据已依法收集并查证属实的客观证据、言词证据，综合认定资金数额、损失数额等犯罪事实”。

三是明确行政认定意见的性质。由于证券期货犯罪专业性较强，司法机关根据办案需要可以商请证券期货监管机构出具专业认定意见，包括内幕信息的内容、敏感期的起始时间、内幕信息知情人的范围、交易行为是否属于操纵行为等。对于认定意见的性质，司法实践中一直以来存在争议。为回应实践需求，《意见》第十八条第一款专门对此作出规定，作为认定案件事实的参考。主要考虑是：专业认定意见只有证券期货监管机构的盖章，没有认定人的签名，在证据属性上有别于鉴定意见；专业认定意见凝聚着认定人的主观判断，并非案发当时形成的证明案件事实的客观证据，也不宜认定为书证，经研究，倾向于将其视为类似于鉴定人经过主观思维活动后出具的“准鉴定意见”。由于在证据属性上有别于鉴定意见，证券期货监管机构出具专业认定意见，可以作为认定案件事实的参考，充分尊重监管部门的专业意见。同时，为节约行政和司法资源，提高办案效率，该条还规定，证券期货监管机构作出行政处罚的案件，进入刑事诉讼程序后主要事实和证据没有发生重大变化的，可以参考行政处罚决定的认定意见。

《意见》第十八条第二款强调了公安机关、检察机关、法院在刑事诉讼中应坚持独立判断的原则。实践中，部分案件事实清楚，不存在性质认定的疑难复杂问题，无须商请证券期货监管机构出具专业认定意见。但出现了因没有专业认定意见，公检法机关案件办理陷入停滞的情况，以及必须有专业认定意见才能定案的误解。对此，《意见》明确规定，公安机关、检察机关、法院应当根据在案证据依法认定案件事实的性质，没有专业认定意见的，不影响刑事诉讼进程。

（五）关于坚持依法从严打击

关于如何理解依法从严惩治主基调，如何把握依法从严惩处与宽严相济刑事政策的关系，司法实践中存在争议和困惑，有必要通过规范性文件回应基层需求，统一认识、明确司法政策把握尺度。《意见》第十九条至第二十二条从以下方面予以规定。

一是统一认识，明确从严惩治重点领域和对象。资本市场是现代金融市场的重要组成部分，发展资本市场必须坚持市场化、法治化原则。《两办意见》提出，强化重大证券违法犯罪案件惩治和重点领域执法，依法严厉查处大案要案，依法严格控制缓刑适用。《意见》落实《两办意见》要求，在第十九条规定了一般不适用相对不起诉、免予刑事处罚和缓刑的情形，明确对拒不认罪、阻碍办案、拒不退缴、获利特别巨大、多次实施、造成恶劣社会影响或者严重危害后果的犯罪嫌疑人依法从严惩处。《意见》第二十条强调全链条打击，对上市公司（及发行证券的非上市公司）控股股东、实际控制人、董事、监事、高级管理人员、金融从业人员等关键岗位人员，承担“看门人”职责的中介组织以及证券犯罪职业团伙和黑灰产业链等依法从严惩处。《意见》第二十二条强调多维度立体追责，加大对证券期货犯罪分子的经济处罚和财产执行力度，不让犯罪分子获得任何经济上的好处；同时，激活刑法修正案（八）设立的从业禁止条款，具体到办案中，检察机关可以通过案件通报和抄送机制与证券期货监管机构加强行刑衔接，同步强化市场约束机制。

二是对正确把握宽严相济刑事政策提出要求。对于证券期货犯罪，“严”是主基调，零容忍是原则。零容忍不仅指刑事打击，而且应坚持系统治理、综合施策，既要有刑事手段，也要有行政、经济手段。资本市场与金融安全、人民群众财产利益息息相关，对于触犯刑法、危害资本市场秩序的犯罪应当依法追究刑事责任，并根据犯罪形势不断织密法网，实现罚当其罪、罪责刑相适应，体现震慑作用，这是依法从严零容忍。同时，《意见》第二十一条规定，对于积极配合调查、如实供述犯罪事实、主动退赃退赔、真诚认罪悔罪的，符合认罪认罚从宽适用范围和条件的，依照刑事诉讼法的规定处理。检察机关应当通过适用认罪认罚从宽制度和羁押必要性审查，推动民事、行政、刑事依法多层次追责与处罚，最大限度减少社会对抗、恢复证券市场秩序。《意见》第二十一条还强调严格依法从宽，依法认定自首、立功、从犯等法定从宽处罚情节，不得降低认定标准。

（六）关于完善协作配合机制

《意见》第二十三条至第二十八条将执法司法机关在各个阶段的协作方式予以规范化，包括：在线索排查阶段，证券期货监管机构和公安机关可以通过联合情报导侦方式，协同开展行政调查和刑事侦查活动；在行政执法、刑事侦查、审查起诉阶段，证券期货监管机构、公安机关和检察机关互相通报信息、联合专项行动、联合挂牌督办；在行政执法和刑事诉讼全过程，证券期货监管机构、公安机关、检察机关、法院在调取材料、送达文书、查询信息、专业咨询等方面依法互相支持、互相配合；对法律适用、证明标准等争议问题以及犯罪态势研判治理等进行工作会商；对妨碍公务行为依法追究刑事责任；共同加强专业化建设；等等。

另外，附则第三十条对证券期货犯罪的罪名进行了规定，除 2011 年最高人民法院、最高人民检察院印发的《关于贯彻执行〈关于办理证券期货违法犯罪案件工作若干问题的意见〉有关问题的通知》规定的 11 个罪名外，增加了提供虚假证明文件罪、出具证明文件重大失实罪（仅涉证券期货业务）2 个罪名，对会计、审计、法律服务、保荐等中介组织的人员实施帮助财务造假等犯罪行为的，纳入证券期货犯罪打击范畴，压实中介组织“看门人”职责。

（来源：《人民检察》2024 年第 19 期）

指导案例、典型案例与解读

依法惩治非法生产、销售、使用窃听、窃照设备犯罪典型案例

（2024 年 12 月 11 日最高人民法院发布）

目　　录

案例一　石某等人制作、贩卖淫秽物品牟利案

【基本案情】

2021 年 4 月至 2022 年 1 月，被告人石某先后伙同被告人吴某东、田某君、吴某华、罗某靖等人，经事先预谋，在多家宾馆、酒店房间内安装偷拍设备，偷拍入住旅客的性行为，并制作成视频，通过即时通信

软件发布贩卖信息进行销售牟利，共非法获利29万余元。其中，石某负责在宾馆、酒店安装偷拍设备并对偷拍的视频进行加工、销售，吴某东、田某君、吴某华、罗某靖协助石某安装偷拍设备并提供收款账户收取违法所得等。

【裁判结果】

浙江省湖州市吴兴区人民法院经审理认为，被告人石某、吴某东、吴某华、罗某靖、田某君以牟利为目的，非法使用偷拍设备偷拍他人性行为并制作成视频贩卖，其行为均已构成制作、贩卖淫秽物品牟利罪。其中，石某、吴某东情节特别严重，吴某华、罗某靖、田某君情节严重。在共同犯罪中，石某起主要作用，系主犯；吴某东、吴某华、罗某靖、田某君起次要、辅助作用，系从犯，依法应当从轻或者减轻处罚。石某、吴某东、吴某华、罗某靖、田某君到案后均能如实供述自己的犯罪事实，且自愿认罪认罚，依法可以从轻处罚。根据石某、吴某东、吴某华、罗某靖、田某君犯罪的事实、性质、情节和对于社会的危害程度，以制作、贩卖淫秽物品牟利罪判处石某、吴某东、吴某华、罗某靖、田某君有期徒刑十年至一年六个月不等，并处罚金人民币三十万元至一万元不等。一审宣判后，在法定期限内没有上诉、抗诉，判决已发生法律效力。

【典型意义】

本案是人民法院依法严惩偷拍盗摄黑灰产业犯罪的典型案例。公民的私人生活安宁和不愿为他人知晓的私密空间、私密活动、私密信息属于隐私，依法不受侵犯。近年来，一些不法分子将偷拍设备安装在宾馆、民宿等场所进行偷拍盗摄，甚至提供互联网链接供他人实时观看或者将偷拍内容制成图片、音视频进行传播，严重侵犯公民个人隐私，严重妨害社会管理秩序，人民群众深恶痛绝。本案中，石某等人以牟利为目的，使用偷拍设备偷拍他人性行为并制作成视频予以贩卖，不仅严重侵犯他人隐私，而且相关视频具有具体描绘性行为或者露骨宣扬色情的诲淫性，符合刑法对“淫秽物品”的界定，触犯了刑法第三百六十三条第一款的规定，构成制作、贩卖淫秽物品牟利罪。人民法院依法认定石某、吴某东、吴某华、罗某靖、田某君犯制作、贩卖淫秽物品牟利罪，并综合违法所得等因素，认定石某、吴某东的行为属于“情节特别严重”，认定吴某华、罗某靖、田某君的行为属于“情节严重”，分别判处有期徒刑十年至一年六个月不等，并处罚金人民币三十万元至一万元不等，彰显了人民法院依法严厉打击偷拍盗摄黑灰产业链，切实维护人民群众合法权益，坚决维护社会管理秩序的鲜明态度。

案例二　颜某平、颜某建非法使用窃照专用器材案

【基本案情】

2021 年 3 月以来，被告人颜某平、颜某建为了偷拍他人隐私，在电商平台购买窃照专用器材，分别安装在三家酒店的多个房间内，使用手机 App 将窃照专用器材与酒店房间内 WiFi 和自己的手机配对连接，并设置了远程使用手机 App 观看房间内实时监控录像、回放录像、下载录像的功能。颜某建、颜某平通过手机 App 实时观看时，若发现酒店房间内有人发生性行为，就将相关视频和截图下载至手机观看、保存并存储于颜某建的笔记本电脑内。2021 年 10 月 7 日晚，旅客唐某某发现房间内安装有窃照器材，随后联系酒店并报警。

【裁判结果】

湖南省临武县人民法院经审理认为，被告人颜某平、颜某建非法使

用窃照专用器材，造成严重后果，其行为均已构成非法使用窃照专用器材罪。颜某平到案后，如实供述自己的犯罪事实，系坦白，依法予以从轻处罚。颜某建自动到案后，如实供述自己的犯罪事实，系自首，依法予以从轻处罚。颜某平、颜某建均自愿认罪认罚，依法予以从宽处理。根据颜某平、颜某建犯罪的事实、性质、情节和对于社会的危害程度，以非法使用窃照专用器材罪判处颜某平有期徒刑一年三个月，判处颜某建有期徒刑一年。一审宣判后，在法定期限内没有上诉、抗诉，判决已发生法律效力。

【典型意义】

本案是人民法院依法惩处偷拍盗摄乱象的典型案例。一些人使用窃听、窃照专用器材，非法获取他人的经营信息或者个人隐私，给单位和公民的正常工作、生活带来不利影响，严重侵犯公民的隐私等人身权利，扰乱正常的社会管理秩序。本案中，颜某平、颜某建将窃照专用器材安装于酒店房间，用于偷拍住店旅客，造成了恶劣社会影响，干扰了酒店的正常经营，严重侵犯他人隐私，严重扰乱社会管理秩序，触犯了刑法第二百八十四条的规定，构成非法使用窃照专用器材罪。人民法院根据颜某平、颜某建犯罪的事实、性质、情节和对于社会的危害程度，依法对二人判处有期徒刑，体现了坚决打击此类犯罪的严正立场。此案也提醒社会公众，在日常居家、旅游出行过程中，要注意个人隐私保护，一旦发现被窃听偷拍，应当及时报警；宾馆、民宿等也要履行好安全保障义务，采取必要的防范、检查措施，合力消除隐患。

案例三　闫某坤等人非法销售窃照专用器材案

【基本案情】

2020 年开始，被告人闫某坤在其成立的北京、杭州、广州工作室，伙同其招募的被告人闫某飞、汪某燕、孙某勤及卞某蛟（另案处理）等人销售从广州某公司购入的用于赌博出千的 A 系列主机及其配件等产品，部分产品销售至绍兴市越城区。A 系列主机外观和普通手机一样，侧边有改装的微型摄像头，内置软件，侧边摄像头偷拍识别后，软件会帮助计算玩法从而获利。其中，闫某飞负责北京工作室的销售工作，汪某燕负责杭州工作室的销售工作。孙某勤在北京工作室负责收发货、客服、记账等工作，并参与产品销售。经查证，闫某坤等人案发期间从广州某公司至少购入价值人民币 2950 万余元的 A 系列主机及配件，并予以销售。其中，北京工作室共计向广州某公司支付货款人民币 1350 万余元，杭州工作室共计向广州某公司支付货款人民币 1400 万余元，孙某勤参与期间北京工作室共计向广州某公司支付货款人民币 197 万余元。经鉴定，从北京、杭州、广州不同销售渠道查获的 A 系列主机检材均为窃照专用器材。相关设备流入社会后被广泛用于“诈赌”等诈骗行为，衍生了参与人员广泛、被害对象众多、犯罪数额巨大的次生犯罪。

【裁判结果】

浙江省绍兴市越城区人民法院经审理认为，被告人闫某坤、闫某飞、汪某燕、孙某勤等人违反国家对窃照专用器材的管理规定，未经有关主管部门批准、许可，非法销售窃照专用器材，其行为均已构成非法销售窃照专用器材罪。在共同犯罪中，闫某坤起主要作用，属主犯；闫某飞、汪某燕、孙某勤起次要、辅助作用，属从犯，分别对闫某飞、汪某燕予以减轻处罚，对孙某勤予以从轻处罚。闫某飞、孙某勤自愿认罪认罚，闫某坤、汪某燕在庭审中亦自愿认罪，分别对四被告人予以从宽处理。综合闫某坤、闫某飞、汪某燕等人销售窃照专用器材的经营数额以及销售的窃照专用器材流入社会后被广泛用于“诈赌”等诈骗行为而造成的次生危害等情节，闫某坤、闫某飞、汪某燕的行为属于“情节严重”。根据闫某坤、闫某飞、汪某燕、孙某勤犯罪的事实、性质、情节和对于社会的危害程度，以非法销售窃照专用器材罪，判处闫某坤有期徒刑四年十个月，并处罚金人民币一百万元；判处闫某飞有期徒刑二年十个月，并处罚金人民币五万元；判处汪某燕有期徒刑二年十个月，并处罚金人民币五万元；判处孙某勤有期徒刑一年十个月，缓刑二年六个月，并处罚金人民币二万元。一审宣判后，在法定期限内没有上诉、抗诉，判决已发生法律效力。

【典型意义】

偷拍盗摄黑灰产业不仅严重侵犯公民个人隐私，还容易成为滋生其他违法犯罪的温床。整治偷拍盗摄黑灰产业，必须坚持全环节、全链条打击，既要依法惩处偷拍盗摄者，也要加大对非法生产、销售窃听、窃照设备的打击力度，从源头上铲除偷拍盗摄滋生蔓延的土壤。本案中，被告人闫某坤等人非法销售窃照专用器材的经营数额特别巨大，非法销售的窃照专用器材流入社会后被广泛用于“诈赌”等诈骗行为，衍生了参与人员广泛、被害对象众多、犯罪数额巨大的次生犯罪，后果严重，影响恶劣。人民法院依法履职，综合本案犯罪事实及情节，恪守罪责刑相适应原则，依法认定闫某坤、闫某飞、汪某燕的行为属于非法销售窃照专用器材“情节严重”，充分体现了对偷拍盗摄黑灰产业“出重拳”打击的鲜明态度和对非法制售窃听、窃照专用器材行为“零容忍”的基本立场。

案例四 陈某非法生产、销售窃听、窃照专用器材案

【基本案情】

被告人陈某于2023年9月4日至10月2日间，在未取得有关部门批准、许可的情况下，将二手手机及息屏录像软件改装成具有窃听、窃照功能的设备后售卖，先后销售41部改装设备，销售金额共计人民币5万余元，非法获利人民币3万余元。经鉴定，涉案送检的二手手机属于窃听、窃照专用器材。

【裁判结果】

吉林省吉林市龙潭区人民法院经审理认为，被告人陈某非法生产、销售窃听、窃照专用器材，其行为已构成非法生产、销售窃听、窃照专用器材罪。陈某到案后如实供述所犯罪行，自愿认罪认罚，依法可以从轻处罚。陈某上缴违法所得并提供财产刑担保，具有悔罪表现。根据陈某犯罪的事实、性质、情节和对于社会的危害程度，以非法生产、销售窃听、窃照专用器材罪判处陈某有期徒刑一年，并处罚金人民币一万五千元。一审宣判后，在法定期限内没有上诉、抗诉，判决已发生法律效力。

【典型意义】

窃听、窃照专用器材属于国家严格管理的物品，非法流入社会，不

仅可能侵犯公民隐私、企业商业秘密等，还可能危害公共安全和国家安全。对于非法生产、销售、使用窃听、窃照专用器材的行为，现行法律从不同层面作出了规范。民法典规定，除法律另有规定或者权利人明确同意外，进入、拍摄、窥视他人的住宅、宾馆房间等私密空间或者拍摄、窥视、窃听、公开他人的私密活动，构成对他人隐私权的侵害；治安管理处罚法第四十二条将偷窥、偷拍、窃听、散布他人隐私的行为列为违反治安管理的行为并给予处罚；刑法第二百八十三条、第二百八十四条规定了非法生产、销售、使用窃听、窃照专用器材行为的刑事责任，明确了定罪量刑标准。本案中，陈某自行改装并销售具有窃听、窃照功能的设备，生产、销售数量多，违法所得数额大，严重扰乱社会管理秩序，触犯了刑法第二百八十三条的规定，构成非法生产、销售窃听、窃照专用器材罪。人民法院根据陈某犯罪的事实、性质、情节和对于社会的危害程度，依法对其判处有期徒刑，有效打击了窃听、窃照专用器材流入市场的源头。此案也提醒社会公众，对于市面上的窃听、窃照设备，不要随意购买、使用；发现非法生产、销售窃听、窃照专用器材违法犯罪活动的，要及时向公安机关举报。

依法惩治“蝇贪蚁腐”典型案例

（2024年12月9日最高人民法院发布）

目录

案例一 齐某刚受贿、行贿、滥用职权、玩忽职守案

——依法惩处住房保障领域职务犯罪

【基本案情】

2017年7月至2021年12月，被告人齐某刚利用担任某市某区保障性住房服务中心保障性住房科科长职务上的便利，为贾某、苗某磊、王某岭（均另案处理）等人在公租房申请、房源调整等方面提供帮助，非法收取财物共计157万元。

被告人齐某刚为了让某区某街道便民服务中心负责公租房申请审核工作的杜某进（另案处理）违规审核苗某磊上报的公租房申请材料，给予杜某进现金3万元。

被告人齐某刚明知公租房申请材料不符合申请条件，仍收受贿赂，徇私舞弊，违规审批公租房申请132份，涉及公租房121套。经审计，市场租赁价格总金额与租赁合同约定的应交房租总金额的差价为323万余元。

被告人齐某刚严重不负责任，不认真审核公租房申请材料，致使232套公租房被不符合条件人员居住。经审计，市场租赁价格总金额与租赁合同约定的应交房租总金额的差价为566万余元。

【办理情况】

河南省郑州市惠济区人民法院经审理认为，被告人齐某刚利用职务上的便利，为他人谋取利益，非法收取他人财物，数额巨大；为谋取不正当利益，给予国家工作人员财物；徇私舞弊，滥用职权，情节特别严重；玩忽职守，情节特别严重，其行为分别构成受贿罪、行贿罪、滥用

职权罪、玩忽职守罪。综合考虑齐某刚犯罪事实、性质、情节和对社会的危害程度，以受贿罪判处齐某刚有期徒刑七年，并处罚金人民币五十万元；以行贿罪判处有期徒刑六个月，并处罚金人民币十万元；以滥用职权罪判处有期徒刑五年六个月；以玩忽职守罪判处有期徒刑三年六个月，数罪并罚，决定执行有期徒刑十三年，并处罚金人民币六十万元；依法追缴犯罪所得。一审宣判后，齐某刚提出上诉。郑州市中级人民法院裁定驳回上诉，维持原判。

【典型意义】

本案是人民法院依法惩处住房保障领域职务犯罪的典型案例。保障性住房是我国住房供给体系的重要组成部分，对解决中低收入群体住房困难、提升人民群众幸福感具有重要意义。负责保障性住房审批的国家工作人员利用职权，违规审批，严重破坏保障性住房管理秩序，严重损害人民群众切身利益，应当依法惩处。本案中，被告人齐某刚为他人在公租房申请、房源调整等方面提供帮助，既受贿，又行贿；既徇私舞弊，滥用职权，违规审批公租房申请，又玩忽职守，不认真审核申请材料，共计造成经济损失 889 万余元。人民法院依法对齐某刚数罪并罚，决定执行有期徒刑十三年，并处罚金人民币六十万元，追缴犯罪所得，充分体现了依法惩处住房保障领域职务犯罪、深入纠治侵害民生领域“蝇贪蚁腐”的坚定决心，实现以案促改、以案促治的良好效果。

案例二　钟某燕受贿、洗钱案

——依法惩处教育领域贿赂犯罪

【基本案情】

2010 年至 2023 年，被告人钟某燕利用担任某市某实验小学校长职务上的便利，为他人在学生入学、转学、分班及项目承接、工程款拨付等方面提供帮助，非法收受他人财物共计 949 万余元。2021 年 3 月至 2023 年 3 月，钟某燕将其收取的好处费 123 万余元，通过转账等方式掩饰资金来源和性质。

另查明，被告人钟某燕到案后如实供述受贿犯罪事实，主动交代监察机关尚不掌握的洗钱犯罪事实。

【办理情况】

贵州省贵阳市乌当区人民法院经审理认为，被告人钟某燕利用职务上的便利，为他人谋取利益，非法收受他人财物 949 万余元，数额特别巨大；为掩饰、隐瞒受贿犯罪所得，通过转账等方式掩饰资金来源和性质，情节严重，其行为分别构成受贿罪、洗钱罪。钟某燕所犯受贿罪具有坦白、全额退赃等情节，依法可以从轻处罚；所犯洗钱罪具有自首情节，依法可以减轻处罚。以受贿罪判处钟某燕有期徒刑十年六个月，并处罚金人民币五十万元；以洗钱罪判处有期徒刑一年六个月，并处罚金人民币十万元，数罪并罚，决定执行有期徒刑十一年，并处罚金人民币六十万元；依法追缴犯罪所得。一审宣判后，在法定期限内没有上诉、抗诉，一审判决已发生法律效力。

【典型意义】

本案是人民法院依法惩处教育领域贿赂犯罪的典型案例。教育是国之大计、党之大计，关系着千万家庭的未来和希望。本案中，被告人钟某燕利用担任学校校长职务上的便利，为他人在学生入学、转学、分班等方面提供帮助，非法收受他人财物，将教育资源当作“待价而沽的商品”，严重破坏教育公平公正。人民法院依法对其受贿罪和洗钱罪数罪并罚，决定执行有期徒刑十一年，并处罚金人民币六十万元，追缴犯罪所得，彰显了依法惩处教育领域贿赂犯罪、坚决维护教育公平的鲜明态度。

案例三　李某贪污案

——依法惩处医保领域贪污犯罪

【基本案情】

2019 年 1 月至 2022 年 4 月，被告人李某利用担任某市某镇政府医保所工作人员职务上的便利，收取辖区村民基本医疗保险费 41 万余元，其中，14 万元在医保系统中核定缴纳，剩余 27 万余元被李某侵吞并用于个人房屋装修、生活开支等。

另查明，被告人李某自动投案并如实供述自己的罪行，退缴全部犯罪所得。

【办理情况】

江西省萍乡市湘东区人民法院经审理认为，被告人李某利用职务上的便利，侵吞城乡居民基本医疗保险费，数额巨大，其行为已构成贪污罪。李某具有自首、全额退赃等情节，依法可以减轻处罚。以贪污罪判处李某有期徒刑二年，并处罚金人民币十万元；依法追缴犯罪所得。一审宣判后，在法定期限内没有上诉、抗诉，一审判决已发生法律效力。

【典型意义】

本案是人民法院依法惩处医保领域贪污犯罪的典型案例。医疗保险基金是老百姓的“看病钱”“救命钱”，事关医保制度健康运行和人民群众切身利益。本案中，被告人李某私自截留侵吞村民缴纳的基本医疗保险费，侵害了人民群众合法权益，破坏了国家工作人员职务行为的廉洁性。人民法院综合考虑李某犯罪事实、性质、情节和对社会的危害程度，以贪污罪对李某判处刑罚并追缴犯罪所得，彰显了依法惩处医保领域“蝇贪蚁腐”、坚决维护人民群众切身利益的鲜明立场。

案例四　惠某强贪污案

——依法惩处就业领域贪污犯罪

【基本案情】

2020年10月至2022年6月，被告人惠某强利用担任某县人力资源和社会保障局城保科负责人职务上的便利，通过虚报冒领等方式，先后套取公益性岗位补贴和灵活就业人员社会保险补贴共计153万余元。

另查明，被告人惠某强自动投案并如实供述自己的罪行，退缴全部犯罪所得。

【办理情况】

新疆维吾尔自治区疏附县人民法院经审理认为，被告人惠某强利用职务上的便利，套取公益性岗位补贴和灵活就业人员社会保险补贴共计153万余元，其行为已构成贪污罪。惠某强具有自首、全额退赃等情节，依法可以从轻处罚。以贪污罪判处惠某强有期徒刑四年一个月，并处罚金人民币三十万元；依法追缴犯罪所得。一审宣判后，在法定期限内没有上诉、抗诉，一审判决已发生法律效力。

【典型意义】

本案是人民法院依法惩处就业领域贪污犯罪的典型案例。就业是最基本的民生，事关人民群众切身利益。就业领域腐败犯罪，不仅严重破坏政府公信力，也损害群众合法权益，应当依法惩处。本案中，被告人惠某强身为国家工作人员，利用职务上的便利，通过虚报冒领等方式，套取劳动就业各项补贴，是发生在人民群众身边的“蝇贪蚁腐”。人民法院综合考虑惠某强犯罪事实、性质、情节和对社会的危害程度，以贪污罪对惠某强判处刑罚并追缴犯罪所得，推动就业领域反腐向基层延伸、向群众身边延伸，让人民群众切身感受到正风反腐就在身边，公平正义就在身边，彰显司法为民的担当与作为。

案例五　吴某鹏贪污、受贿、诈骗案

——依法惩处税收领域贪贿犯罪

【基本案情】

某市某镇政府安排该镇农业经济技术综合推广中心独资成立某矿产品贸易公司，利润用于支持发展当地产业和社会公益事业。2012 年至 2020 年，被告人吴某鹏利用担任某市某镇副镇长、镇长职务上的便利，采取提高税收扶持奖励比例、虚列税收扶持奖励资金等方式，通过某矿产品贸易公司等单位套取国家财政资金 1086 万余元。吴某鹏利用职务上的便利，非法收受他人财物共计 552 万余元。吴某鹏以非法占有为目的，骗取他人工程保证金 100 万元。截至一审宣判前，吴某鹏未退赃退赔。

【办理情况】

安徽省铜陵市郊区人民法院经审理认为，被告人吴某鹏利用职务上的便利，侵吞国家财政资金，数额特别巨大；利用职务上的便利，非法收受他人财物，数额特别巨大；以非法占有为目的，虚构事实，骗取他人财物，数额特别巨大，其行为分别构成贪污罪、受贿罪、诈骗罪。吴某鹏虽具有坦白情节，但未退赃退赔，综合考虑吴某鹏犯罪事实、性质、情节和对社会的危害程度，以贪污罪判处吴某鹏有期徒刑十三年，并处罚金人民币五十万元；以受贿罪判处有期徒刑十年六个月，并处罚金人民币五十万元；以诈骗罪判处有期徒刑十年，并处罚金人民币二十万元，数罪并罚，决定执行有期徒刑二十年，并处罚金人民币一百二十万元；继续追缴贪污、受贿犯罪所得，责令退赔诈骗犯罪所得。一审宣判后，在法定期限内没有上诉、抗诉，一审判决已发生法律效力。

【典型意义】

本案是人民法院依法惩处税收领域贪贿犯罪的典型案例。国家对纳税企业给予一定比例的税收扶持奖励，对于有效减轻企业税负、促进企业健康发展具有重要意义。本案中，被告人吴某鹏身为国家工作人员，在执行税收扶持奖励政策时，采取提高税收扶持奖励比例、虚列税收扶持奖励资金等方式，套取本应用于扶持企业发展的国家财政补贴，案发后又未退赃退赔，造成国家财政资金重大损失。人民法院依法对吴某鹏数罪并罚，决定执行有期徒刑二十年，并处罚金人民币一百二十万元，继续追缴犯罪所得，释放了对税收领域贪贿犯罪严惩不贷、决不姑息的强烈信号。

案例六　何某平贪污案

——依法惩处征地拆迁领域贪污犯罪

【基本案情】

2017 年至 2020 年，被告人何某平利用担任某县某镇政府征地小组组长等职务上的便利，在负责工业园区征地工作期间，伙同他人（均另案处理）采取虚报征地面积、青苗数量等方式，骗取国家征地补偿款 225 万余元。何某平分得 121 万余元。

【办理情况】

湖南省江永县人民法院经审理认为，被告人何某平利用职务上的便利，侵吞公共财物，数额巨大，其行为构成贪污罪。何某平具有坦白、部分退赃等情节，依法可以从轻处罚。以贪污罪判处何某平有期徒刑七年，并处罚金人民币三十万元；继续追缴犯罪所得。一审宣判后，在法定期限内没有上诉、抗诉，一审判决已发生法律效力。

【典型意义】

本案是人民法院依法惩处征地拆迁领域贪污犯罪的典型案例。征地拆迁补偿款本应用于补偿受征地拆迁影响的当地居民，侵吞征地拆迁补偿款，是发生在群众身边的腐败案件，必须依法惩处。本案中，被告人何某平身为国家工作人员，利用职务上的便利，通过虚报征地面积、青苗数量等方式，骗取征地补偿款 225 万余元。人民法院对何某平依法判处有期徒刑七年，并处罚金人民币三十万元，继续追缴犯罪所得，起到良好的警示和震慑作用。

检察机关依法惩治新闻敲诈和假新闻犯罪典型案例

（2024年12月6日最高人民检察院发布）

案例一　郑某某等人敲诈勒索案

——依法追诉漏犯，从严惩治编造虚假新闻实施敲诈勒索

【基本案情】

被告人郑某某，男，无业。

被告人姚某某，女，无业。

被告人胡某某，男，无业。

其他三名被告人基本情况略。

2022年10月下旬，被告人郑某某纠集被告人姚某某、胡某某等五人预谋通过制作负面视频方式敲诈某上市连锁冰激凌与茶饮企业A公司。2022年11月初，郑某某指使姚某某应聘到A公司江苏省徐州市门店工作。同年11月14日晚，胡某某假冒姚某某的男朋友，到姚某某工作的门店内假装和其发生争吵并在店内配料盒内小便，随后姚某某故意使用该配料盒为顾客制作饮料，郑某某同时指使王某拍摄视频，薛某在

店外望风。拍摄制作负面视频后，郑某某、姚某某利用 QQ 软件聊天，制造该负面视频系郑某某从网络购买的假象。后郑某某与汪某某通过电话、微信与 A 公司的工作人员联系，以在互联网曝光负面视频相要挟，逼迫 A 公司支付人民币 600 万元购买该视频。因 A 公司报案而未得逞。

2023 年 3 月 6 日，河南省郑州市金水区人民检察院以敲诈勒索罪对郑某某、姚某某、胡某某、王某、薛某、汪某某六人提起公诉。2023 年 6 月 6 日，金水区人民法院以敲诈勒索罪分别判处郑某某、姚某某、胡某某、王某、薛某、汪某某有期徒刑六年到三年不等，并处罚金人民币六万到三万元不等。郑某某、姚某某、王某、薛某不服提出上诉，2023 年 8 月 9 日，郑州市中级人民法院裁定驳回上诉，维持原判。

【检察履职情况】

（一）积极引导侦查，夯实证据基础。检察机关应公安机关邀请，提前介入侦查并就收集证据提出意见，引导公安机关依法及时全面固定微信聊天记录、监控视频等证据。因 A 公司案发时正值申请上市的关键时期，为避免对企业造成负面影响，检察机关提示 A 公司注意防止类似事件在其他门店再次发生。

（二）全面细致审查，依法追诉漏犯。审查起诉阶段，检察机关经详细讯问在案犯罪嫌疑人，询问被害人，调取犯罪嫌疑人的微信、QQ 聊天记录等电子数据，发现汪某某负责保存视频，并与郑某某共同出谋划策实施敲诈勒索，涉嫌共同犯罪，案件遗漏重要犯罪嫌疑人。检察机关依法向公安机关提出追加汪某某为本案犯罪嫌疑人的意见，后汪某某被抓获到案，检察机关依法对其提起公诉。

（三）充分举证示证，增强指控效果。庭审中，针对郑某某辩解其系主动中止犯罪行为，检察机关通过出示郑某某等人与被害单位的通话记录、被害单位报警记录、被告人供述，证明郑某某等人编造虚假视频，并向被害单位索要巨额财物，系因被害单位报警而未实际获得财物，而非郑某某主动中止犯罪行为。为增强庭审指控效果，证明各被告人在共同犯罪中所起的作用大小，检察机关综合运用被告人供述、聊天记录和视频，将证据按照事前预谋、制作视频、实施敲诈的顺序进行排列组合向法庭出示，让案件脉络清晰呈现于法庭。法庭采纳检察机关指控意见作出判决。

（四）参与综合治理，延伸办案效果。为护航企业发展，检察机关主动联合区工商联为企业提供有针对性的法律服务；以座谈会、调研走访等形式出门“问诊”，上门听需，畅通企业涉法涉诉绿色通道，办理3起侵害企业利益犯罪立案监督案件，为企业经营发展保驾护航。同时，结合企业需求，将侵犯公民个人信息、敲诈勒索、知识产权、涉税等常见涉企犯罪和经营风险纳入普法宣传，从源头上减少企业各类诉讼隐患，降低企业被侵害的风险。

【典型意义】

依法严惩利用网络造谣抹黑、捏造虚假信息敲诈勒索的犯罪行为。网络信息时代，恶意制造并传播涉企虚假信息、蓄意抹黑企业，借机敲诈勒索，不仅严重侵害企业合法权益，更危害网络公共秩序，应当依法从严惩治。检察机关办理涉案人员多、分工复杂的团伙敲诈案件，应当全面审查在案证据，紧盯犯罪关键环节，查明整个犯罪流程及作用大小，发现漏犯的，依法监督公安机关及时追踪查证，实现对团伙犯罪全链条打击。对于敲诈勒索财物数额特别巨大，因意志以外的原因未得逞，造成恶劣社会影响的，应当依法追究刑事责任。对未遂犯，可以依法从轻或者减轻处罚。

案例二　宋某敲诈勒索案

——依法惩治网络大V“有偿删帖”型新闻敲诈犯罪

【基本案情】

被告人宋某，男，微信公众号“某某学术车”创始人、管理员。

“某某学术车”系医药行业圈内知名公号，主要发表药企爆料文章。2021年1月至10月，被告人宋某为牟取不法利益，在其运营的微信公众号“某某学术车”上发布江苏、河北等五家医药企业的不实或负面信息，在主动联系被害单位称可以删帖或者被害单位主动联系要求删帖时，要求企业签订“公关服务协议”并支付服务费用，否则拒不删帖，迫使被害企业以“公关费用”等名义支付钱款，并承诺删除负面信息、在合作期限内不再发布负面信息等从而降低对企业的负面影响。宋某以上述方式向被害企业索取共计人民币153万元。其中，被害企业A、B、C均系江苏大型药业股份有限公司、上市公司；被害企业D、E分别系河北、山东大型制药支柱型企业集团、上市公司。

2022年6月24日，江苏省连云港市海州区人民检察院以宋某涉嫌敲诈勒索罪向海州区人民法院提起公诉。2023年12月28日，海州区法院以敲诈勒索罪，判处被告人宋某有期徒刑十一年，并处罚金人民币二十万元，并责令退还被害企业损失共计人民币一百五十万余元。被告人宋某不服判决提出上诉。2024年4月16日，连云港市中级人民法院裁定驳回上诉，维持原判。

【检察履职情况】

（一）加强引导侦查，全面查清案件事实。该案系网络“大V”以舆论监督之名，胁迫国内知名上市公司、民营药企，实施新闻敲诈行为，地域波及面广，行业影响恶劣。2021年11月18日，连云港市公安局海州分局以宋某涉嫌敲诈勒索罪立案侦查。经公安机关商请，海州区检察院派员提前介入侦查，重点从两个方面引导取证：一是从合同签署的提议方、删除相关负面文章的时间节点、沟通的具体内容等方面还原双方协商的真实过程，查实宋某实施了胁迫行为；二是核实被害企业是否有网络宣传的业务需求、宋某是否实际提供宣传服务等以确定“公关服务协议”的实质属性。2022年1月14日，海州区检察院依法对宋某以涉嫌敲诈勒索罪批准逮捕。

（二）全面审查在案证据，依法准确认定行为性质。审查起诉阶段，围绕宋某的行为是市场交易还是涉嫌犯罪、是敲诈勒索还是强迫交易的争议焦点，检察机关重点开展了以下工作：一是对比审查认定宋某实施了胁迫行为。通过对比发布虚假、负面信息的节点与索要财物的节点，协商前后发布信息的频率与数量，证实宋某通过自媒体平台发布“药企黑幕”等不实、负面信息，以“爆料”为由扩大影响力，通过明示、暗示等各种方法对企业进行威胁，并持续发帖，迫使企业支付“公关费用”才予以删帖。二是查明宋某未提供实质对价服务。通过补充调取被害企业往期签订的公关服务协议、宣传合同，查明企业正常经营中需要的合同价款、服务事项、提供服务主体，确认该案中删帖合作行为并非药企所需的正常交易行为。三是查明宋某明知发布信息的虚假性。通过调查宋某的从业时间和工作经历，发现其曾长期从事医药行业，具备核实信息真实性的能力，却未核实从网络获取的企业负面信息的真假。通过调取聊天记录，发现其明知平台发布的“药企黑幕”信息的虚假性，却主动发布不实、虚假信息迫使企业支付财物以实现非法牟利。

（三）强化庭审指控，有效证明犯罪。庭审中，被告人及其辩护人提出，宋某向五家药企索取钱款是一种商业行为，涉案企业联系宋某并没有对所谓胁迫产生任何恐惧心理，也并非基于恐惧心理才交付钱款，宋某没有非法占有钱款的目的，不构成敲诈勒索罪的辩护意见，检察机关有针对性地依法举证质证、准确指控犯罪：一是商业行为的本质是交易，交易的前提是自由、平等、互惠，被迫签订的无实质服务的“公关服务协议”，并未提供实质性服务，合作协议只是掩饰犯罪行为的“幌子”，本案不属于正常的商业交易行为。二是宋某发布的信息对被害企业生产经营产生负面影响，宋某明知企业的压力并借机提出签订所谓的“公关服务协议”，后既未提供实质服务，且所谓的协议服务也并非企业所需，企业支付财物系基于胁迫。法院经审理，依法采纳检察机关指控意见和量刑建议作出判决。

（四）加强沟通联动，形成网络治理合力。针对办案中发现的“有偿删帖”“爆料要挟”等抹黑、侵害企业问题，检察机关会同网信部门、公安机关等单位，对自媒体运营情况联合开展风险排查、专项打击违法犯罪活动，跨区域推动平台落实法律法规中的“信息来源标注”“争议信息标签”等监管功能，净化网络空间。落实推进“检察护企”专项行动，建设“护企实体警示教育基地”，与涉案企业建立常态化联络机制，发放检察长联络卡，向企业制发法律风险提示函，帮助企业提高风险防范意识。

【典型意义】

一是准确把握以发布负面信息相要挟的有偿删帖行为性质，依法认定犯罪。发布负面信息以舆论监督之名，迫使被害方支付钱款“有偿删帖”的行为是否构成敲诈勒索，要从有无实施胁迫行为、交易的异常性、非法占有目的等多方面予以审查认定。对于行为人通过自媒体发布负面信息，利用自媒体受众群体、粉丝量、舆论发酵等“行业影响力”，导致被害企业难以通过公开真相、追究对方失实责任等救济手段恢复正常经营，迫使被害企业签订无实质服务内容的“公关协议”，支付“公关费用”“合作费用”以“删帖”的，应当认定为新闻敲诈行为，构成犯罪的应当依法惩治。

二是多部门、跨区域协作助推平台落实自媒体监管，营造清朗网络空间。网络自媒体新闻敲诈行为多发，侵蚀新闻媒体权威性、公信力，误导公众认知，扰乱正常市场秩序。检察机关应当履行法律监督职能，会同公安机关、行业主管部门、网信部门等，协同整治自媒体利用舆论监督、虚假新闻信息进行敲诈勒索等突出问题，压实网站平台信息内容管理主体责任，落实平台对自媒体的信息发布、账号运营的监管义务，助推自媒体规范化、专业化运行，维护新闻传播秩序，推动形成良好网络舆论生态。

案例三　朱某某等人敲诈勒索案

——实质审查“舆情服务协议”性质，依法惩治以“舆情服务协议”为名对企业实施敲诈勒索

【基本案情】

被告人朱某某，男，务工人员。

被告人孙某某，男，务工人员。

其他三名被告人基本情况略。

2017年12月以来，被告人朱某某、孙某某、周某某、陈某某、曾某某等人以“反传销”“防骗”为名，结伙利用网络实施敲诈勒索。该团伙利用企业存在的经营漏洞和问题，专门编写、发布标题为“某公司涉嫌以消费为名进行传销”“某公司涉嫌股权非法集资”等负面舆情文章，通过短信直接发送至被害企业负责人及员工，或发布至自建的“某某观察”“某某财讯”“某某财经”等网站，供他人转载，形成对

企业的负面舆情。被害企业提出删帖要求后，朱某某等人拒不删帖或者故意拖延放任舆情扩大，并明示或者暗示可以签订“合作协议”快速删帖。为消除对企业生产经营的不良影响，被害企业被迫与朱某某等人签订“合作协议”并支付删帖费用，朱某某等人得手后即将负面舆情文章删除。2017 年至 2023 年，该团伙采用上述手段先后对注册地位于湖南、四川、北京等地 17 家科技发展有限公司、网络信息公司进行敲诈，犯罪金额达人民币 66 万余元。

2023 年 12 月 20 日，湖南省长沙市雨花区人民检察院以朱某某、孙某某等五人涉嫌敲诈勒索罪提起公诉。2024 年 3 月 26 日，湖南省长沙市雨花区人民法院作出一审判决，依法认定朱某某等五人犯敲诈勒索罪，分别判处有期徒刑十年二个月至四年三个月，并处罚金人民币八万元至一万元。被告人朱某某、周某某、陈某某、曾某某等四人不服提出上诉，2024 年 6 月 17 日，长沙市中级人民法院裁定驳回上诉，维持原判。

【检察履职情况】

（一）积极引导侦查取证，构建完整证据锁链。该案涉及企业多、时间跨度长，犯罪手段复杂且隐蔽，涉案证据大部分属于电子数据，极易灭失和篡改，证据收集、调取难度大。检察机关应邀提前介入侦查，围绕侦查思路与证据标准提出意见：一是紧扣犯罪特征、作案模式、资金流向，提出从收款账户反查被害企业的侦查思路；二是重点收集负面舆情文章、沟通协商记录、资金转账流向等关键证据，通过书证、电子数据、鉴定意见等客观证据印证、补强，构建完整证据链，全面查清案件事实。

（二）全面查明犯罪手段，依法适用逮捕强制措施。审查逮捕阶段，朱某某等人以舆情服务协议是市场经营、舆论监督行为提出辩解。对此，检察机关着重审查朱某某等人前后行为关系、发布文章的真实性、涉案资金流向以及后续协议履行情况等客观证据，全面查明该团伙几种犯罪手段：一是“短信直接敲诈”，即直接将“负面文章+链接”的短信发送至被害企业负责人及员工手机，诱导、暗示企业支付“费用”进行删帖；二是“舆情造势敲诈”，即通过注册、使用微信公众号、知乎等自媒体账号，搭建小型网站，大量发布并相互转载企业负面舆情文章，形成企业负面舆情压力，在被害企业提出删帖要求后置之不理，迫使企业付费快速删帖；三是“冒名上门敲诈”，即冒用媒体记者身份上门与企业“洽谈合作”，迫使被害企业与自设公司签订舆情服务协议，收取企业费用。在查明朱某某等人犯罪手段、行为性质的基础上，检察机关依法对朱某某等四人批准逮捕。

（三）依法追诉漏犯，有力指控犯罪。公安机关以朱某某等人涉嫌敲诈勒索罪移送审查起诉，其中一名犯罪嫌疑人陈某某在逃。检察机关经查询、调取陈某某户籍信息及前科情况，发现陈某某因另案已被判处刑罚尚在服刑，要求公安机关将陈某某从服刑地押解归案，一并审查并依法提起公诉。庭审中，针对被告人提出部分被害单位已经向法院提起民事诉讼要求删帖，且民事案件庭审中已经达成和解协议，被告人承诺删帖并赔礼道歉、赔偿损失，二者系经济纠纷，不构成敲诈勒索罪的辩护意见，检察机关通过出示被告人发布负面信息造成的传播量、实施胁迫行为的短信、微信聊天记录等电子数据，被告人索取财物的有罪供述等证据，指明所谓的“舆情服务协议”相关行为并非合同纠纷，而是以合同为名实施的敲诈行为，部分被害单位提起民事诉讼的维权行为，不影响被告人的行为性质认定。经审理，法院采纳检察机关指控意见并作出判决。

（四）加强行刑衔接，形成惩治合力。办案中，检察机关通过走访调查，发现此类以“舆情服务协议”为名进行敲诈在初始阶段，被害方有投诉，但因行为违法程度较轻尚未达到刑事立案追诉条件，而未被刑事处理，相关行政主管部门也不掌握情况而未能及时给予行政处罚，具有一定的普遍性和典型性。为加大类似犯罪问题的预防和查处，检察机关向公安机关、网信部门发出社会治理检察建议，协同推动整治网络违法乱象。

【典型意义】

一是准确适用法律，依法惩治以“舆情服务协议”为名实施敲诈勒索犯罪。检察机关办理此类案件，应当区分并实质判断行为人的行为模式，着重从行为人有无实施威胁行为，服务协议是否实质履行、服务事项是否有客观需求和等价性等方面对“舆情服务协议”性质进行实质审查，全面认定事实、准确适用法律。

二是发挥检察职能作用，助推社会综合治理。办理涉网络敲诈勒索案件，检察机关要注重加强与公安机关以及网信部门的信息共享，完善行刑衔接双向机制，对于未达到刑事立案条件，但符合行政处罚条件的，及时移交线索，协同形成打击合力，全面整治网络违法犯罪乱象，有效净化网络空间，有力遏制网络犯罪蔓延。

案例四　罗某甲等人敲诈勒索案

——依法惩治新闻记者以舆论监督为名实施敲诈勒索

【基本案情】

被告人罗某甲，男，系某传媒公司管理人员。

被告人罗某乙，男，个体经营户。

被告人杨某，男，系某新闻媒体记者。

其他三名被告人基本情况略。

2022 年 2 月，被告人罗某甲与罗某乙（罗某甲胞弟）、徐某、罗某丙、杨某、聂某某等人共谋成立网络自媒体用于编造发布互联网公司的负面消息，进而以“商务合作”之名逼迫互联网公司支付费用，实施敲诈勒索。随后，罗某乙注册“某某经”微信号及微信公众号，并在腾讯、搜狐、网易、微博、知乎等网络平台注册“某某经”“某某财经”等账号，由罗某甲负责自媒体的管理和与互联网公司联系，罗某甲还伙同杨某负责撰写有关互联网品牌的负面信息稿件，徐某负责审核，聂某某负责校对和在微信公众号发布稿件及删帖，罗某乙和罗某丙负责其他自媒体账号的发布及删帖，罗某乙还负责确认索要钱财到账。

2022 年 3 月至 2023 年 4 月，罗某甲等人利用担任传媒公司管理人员、熟悉新闻传播活动、擅长编撰稿件的条件和优势，在网上收集素材后，片面选取争议话题有针对性进行负面叙事，通过“某某经”微信公众号及相关网络平台账号以“震惊体”式标题先后发布 130 余家互联网知名公司品牌的负面信息，诱骗公众点击浏览，通过恶意炒作网络热点、放大网民投诉影响等方式产生流量，迫使上述品牌运营公司主动联系罗某甲等人。被害单位提出删帖要求后，罗某甲等人提出需要支付合作费用，并在双方谈判过程中加大负面网络帖文发布力度持续施压，逼迫上述公司以“商务合作”的名义先后向该团伙支付删帖费用人民币 29. 6 万元。

2023 年 11 月 8 日，重庆市南岸区人民检察院以罗某甲等六人犯敲诈勒索罪向重庆市南岸区人民法院提起公诉。2024 年 3 月 22 日，南岸区法院以敲诈勒索罪分别判处被告人罗某甲有期徒刑三年十个月，被告人罗某乙、徐某、罗某丙、聂某某、杨某有期徒刑二年至三年并适用缓刑，并处罚金人民币一万五千元至五万元不等。判决后六名被告人均未上诉。

【检察履职情况】

（一）依托侦监协作配合机制，积极引导侦查取证。2023 年 4 月 28

日，南岸区检察院通过侦查监督与协作配合会商机制了解到该案系新闻媒体从业人员利用职业便利实施敲诈勒索犯罪，严重破坏营商舆论环境，遂应邀指派检察官介入侦查，提出具体明确侦查取证意见：一是查明涉案人员主体身份、工作职责；二是提取团伙成员商议、策划、实施犯罪活动的微信聊天记录，收集网络账号注册信息、发布路径等关键电子证据，全面固定涉案负面网帖的撰稿、审核、发布等流转程序；三是统计点击量、阅读量、转发量等网络传播数据，夯实证据基础。2023 年 6 月 1 日，南岸区检察院依法对罗某甲批准逮捕。

（二）全面查明案件事实，依法准确认定犯罪。本案涉及 130 余家互联网企业，部分系知名企业，涉案人员较多且作案手段隐蔽。审查起诉阶段，检察机关重点开展了以下工作：一是针对罗某丙、杨某辩称不知道罗某甲逼迫互联网公司出钱删帖的辩解，检察机关全面梳理聊天记录等电子数据，结合该团伙在特定营销节点密集发帖的作案时间，以及持续发布相关负面信息施加舆论压力，迫使多家企业与其合作并获得数额巨大非法利益的行为，查明行为人的敲诈勒索主观故意和名为“合作”实为逼迫的行为方式。二是通过退回补充侦查，全面查清公安机关前期未移送的部分未遂事实，统计该团伙发布所有负面信息的发帖量、点击量，准确认定犯罪行为对互联网秩序的隐性危害，全面查清犯罪事实。三是依法开展认罪教育工作，有效惩治犯罪。通过追查赃款去向，促使全案被告人自愿认罪认罚，并退出全部违法所得共计人民币 29. 6 万元。对负责整体管理及逼迫互联网公司出钱删帖的罗某甲依法认定为主犯，对参与犯罪的其余五名被告人均认定为从犯，依法提出从轻处罚的量刑建议。

（三）加强出庭指控，强化法治教育效果。为以案说法，开展法治宣传，检察机关邀请相关单位从业人员观摩本案庭审，现场释法说理。庭审中，运用多媒体示证方式播放了各被告人微信聊天记录、网络引流链接等电子证据，当庭全面展示了各被告人共谋以舆论监督为名实施敲诈勒索、索取非法利益的犯罪过程，揭露其所谓的为了公共利益实施监督的幌子，相关证据被当庭采信。检察机关指控事实、情节及量刑建议均被法院判决采纳。

【典型意义】

一是依法准确认定新闻记者以舆论监督为幌子实施的敲诈勒索犯罪。以监督为幌子的敲诈勒索与舆论监督表面上不易区分，检察机关要严格把握二者的界限，对新闻记者通过搜集、传播负面信息相胁迫，敲诈勒索企业并谋取非法利益的行为，要从有无非法占有目的、明示或者暗示胁迫、交易的异常性、被害方给付费用的被迫性等方面，准确区分舆论监督与借舆论监督之名实施的敲诈勒索，依法准确认定敲诈勒索罪。

二是以案促治，高质效办案护航新媒体业态良性发展。在自媒体飞速发展的时代，部分“自媒体”无底线蹭热点造流量，违反法律通过制造以假乱真、虚实混杂的“信息陷阱”实施敲诈勒索，该类行为不仅损坏企业的商业信誉、侵犯企业的合法财产权益，更是对新闻舆论监督秩序和环境的破坏。检察机关办理此类案件，应当注重开展法治宣传教育工作，促使被告人真诚认罪悔罪、退赃退赔并有效减轻、消除不良影响，及时为被害单位挽回经济损失，提振企业经营信心。同时，落实普法责任制要求，通过组织相关媒体从业人员观摩庭审，开展“沉浸式”的现场法治宣传教育，推动营造良好法治环境。

案例五　刘某甲等人敲诈勒索案

——依法惩治冒充记者实施敲诈勒索

【基本案情】

被告人刘某甲，男，无业。

被告人曾某甲，男，无业。

其他七名被告人基本情况略。

被告人刘某甲、曾某甲在网络平台认识后，刘某甲向曾某甲提出以冒充记者、曝光环保问题的方式要挟索要钱财。曾某甲表示同意并拉拢曾某乙、刘某乙、刘某丙、黄某甲、黄某乙、尹某某、陈某等 7 人参与。2020 年 9 月 28 日至 2021 年 6 月 10 日期间，上述 9 名被告人交叉纠集，有分有合，使用无人机等设备在河北省石家庄、邯郸、邢台、衡水、沧州、保定、张家口等地对多家砂石料厂、搅拌站等企业单位进行拍摄，然后分别冒充河北 A 报、河北 B 报等新闻单位工作人员给工商业经营者打电话，以媒体曝光或向有关部门举报污染问题相要挟，共敲诈勒索 74 人 94 次，涉案金额共计人民币 12. 61 万元。

2022 年 3 月 21 日，河北省河间市人民检察院以刘某甲等九人犯敲诈勒索罪向河北省河间市人民法院提起公诉。2022 年 6 月 10 日，河间市法院作出一审判决，以被告人刘某甲等人犯敲诈勒索罪，判处有期徒刑四年十个月至一年，并处罚金。九名被告人均未提出上诉。

【检察履职情况】

（一）应邀提前介入，引导侦查取证。本案涉案人员多、案件事实较为复杂，河间市检察院应邀提前介入侦查，并提出侦查取证建议：一是做好扣押手机的电子数据恢复、信息梳理工作，全面筛查与案件有关联的证据；二是扩大案件侦查范围，全面收集刘某甲等人在河北省内跨地域实施犯罪的证据材料。2021 年 7 月 19 日河间市检察院以敲诈勒索罪对刘某甲等九人批准逮捕。

（二）积极开展自行侦查，依法准确认定犯罪。本案系以冒充记者的方式反复多次跨地域实施敲诈勒索，案件移送审查起诉后，河间市检察院依法全面审查在案证据，及时开展自行侦查，查明遗漏犯罪事实，确保准确认定犯罪。一是针对审查中发现下游被告人转移赃款的数额远高于现有犯罪事实涉案金额的情况，检察机关及时开展自行侦查，通过调取、核对交易流水和交易日期，发现该团伙除公安机关移送的 46 起审查起诉事实外仍有部分事实未查清，遂引导公安机关从下游犯罪入手补充侦查，最终犯罪事实增加至 94 起。二是针对被告人尹某某、黄某乙辩解自己未实施相关犯罪行为，没有犯罪故意的辩解，检察机关从行为人的日常交往、身份关系、活动轨迹等细节入手，通过讯问其他被告人，补充完善了尹某某、黄某乙主观故意方面的证据，促使二人在确实充分的证据面前如实供述自己系明知曾某甲等人犯罪的情况下实施了帮助行为。

（三）依法保障当事人合法权益，适用认罪认罚从宽制度。在案有 6 名被告人没有委托辩护人，检察机关依法通知法律援助机构指派律师为其提供法律帮助。围绕量刑建议多次听取了 9 名被告人及其辩护人（值班律师）的意见，刘某甲等 9 人均表示接受量刑建议，并在律师在场下自愿签署《认罪认罚具结书》。庭审中，9 名被告人均认罪认罚并真诚悔罪，辩护人未提出不同意见。检察机关建议法院依法没收犯罪活动使用的无人机、手机等作案工具。一审法院对检察机关认定事实、罪名及量刑建议均予采纳，9 名被告人均未提出上诉。

（四）制发检察建议，促进社会治理。该案暴露出职能部门在环保问题上履职存在短板，监管存在漏洞。为堵塞监管漏洞，防范环境污染风险，检察机关通过实地调研、与相关人员座谈，向环保职能部门、乡镇政府制发检察建议，促使加强对污染企业的审核把关，并对涉案的74 家企业进行拉网式排查。为督促检察建议有效落实，检察机关积极开展“回头看”，不定期实地走访，与环保职能部门建立起联席会议制度，加强沟通协作，助推环保部门提升监管质效。

【典型意义】

一是依法从严惩治冒充记者实施的新闻敲诈类犯罪。冒充记者反复多次实施敲诈勒索不仅严重侵犯公民的财产权利，而且严重损害新闻记者形象、扰乱新闻媒体的管理秩序，应当依法从严惩治。办理此类案件，检察机关应当注重将提前介入引导侦查与自行补充侦查相结合，强化证据审查，深挖犯罪事实，确保全面依法准确惩处。对于被害人主动联系的，检察机关要重点审查行为人是否以举报或者发布负面信息相威胁，结合其身份真实性、行为模式连续性、事前的犯罪预谋等综合认定敲诈勒索的犯罪构成，确保准确定性。

二是充分发挥检察建议促进社会治理作用。公民对污染环境行为有监督举报的权利，但以举报为名谋取非法利益，既是对公民监督权的滥用，更实质上损害了公共利益。案件办理中发现政府职能部门履职存在漏洞的，检察机关应当依法制发检察建议，推动行政部门依法履职，督促相关部门堵塞监管漏洞，促进社会综合治理，实现司法办案“三个效果”的有机统一。

反家庭暴力犯罪典型案例

（2024年11月25日最高人民法院与中华全国妇女联合会联合发布）

目　录

案例一

被告人谢某宇故意杀人案

——施暴者因不满对方起诉离婚预谋杀人，依法判处并核准死刑

【基本案情】

被告人谢某宇与被害人文某某（女，殁年31岁）于2014年3月登记结婚。婚后谢某宇常年沉迷赌博，双方家庭通过变卖房产等方式为其偿还巨额赌债。谢某宇还多次无故殴打、辱骂文某某，甚至持剪刀捅扎文某某，致文某某多次受伤。2021年1月，文某某再次被殴打后回到父母家中居住，并提出离婚。谢某宇不愿离婚，扬言杀害文某某。同年7月7日，文某某向法院提起离婚诉讼，谢某宇收到法院开庭传票后再度扬言杀害文某某。同月9日7时许，谢某宇携刀到文某某父母家附近蹲守意图行凶，因未等到文某某而未果。次日，谢某宇携刀再次蹲守，待8时许文某某出门上班时，将文某某拉至楼梯转角平台处，威胁文某某撤诉未果后，持刀捅刺文某某数下，致文某某当场死亡。作案后，谢某宇逃至楼顶天台，被接警赶来的公安人员抓获。

【裁判结果】

法院生效裁判认为，被告人谢某宇故意非法剥夺他人生命，其行为已构成故意杀人罪。谢某宇常年沉迷赌博并多次对妻子实施家暴，因不满妻子起诉离婚，经预谋后将其杀害，作案动机卑劣，犯罪情节恶劣，罪行极其严重。据此，对谢某宇以故意杀人罪判处死刑，剥夺政治权利终身。经最高人民法院核准，谢某宇已被依法执行死刑。

【典型意义】

家庭暴力施暴者因不满受害方提出离婚而实施故意伤害甚至故意杀人等严重暴力犯罪的案件时有发生，严重破坏家庭和谐，影响社会稳定，引起人民群众强烈愤慨。针对此类案件，人民法院综合考虑案件起因、作案动机、过错责任、犯罪手段、危害后果等量刑情节，依法从严惩处，该重判的坚决依法重判，应当判处死刑的坚决依法判处。本案被告人谢某宇不仅有赌博恶习，时常殴打、辱骂妻子，还因不满妻子起诉离婚，预谋报复杀人，性质极其恶劣，后果特别严重。人民法院依法对谢某宇判处死刑立即执行，一方面彰显了对严重家庭暴力犯罪坚决从严惩处的鲜明态度，另一方面旨在有力震慑犯罪，警示施暴者和潜在施暴者，家庭不是暴力的遮羞布，肆意践踏他人尊严、健康乃至生命者必将受到法律的严惩。

案例二

被告人赵某梅故意杀人案

——因不堪忍受长期严重家庭暴力而杀死施暴人，
作案后自首、认罪认罚，依法从宽处罚

【基本案情】

被告人赵某梅与被害人刘某某（男，殁年39岁）结婚十余年，婚后育有两名子女，均未成年。近年来，刘某某经常酒后无故对赵某梅进行谩骂、殴打，致赵某梅常年浑身带伤并多次卧床不起，刘某某还以赵某梅家人生命相威胁不许赵某梅提出离婚。刘某某亦谩骂、殴打自己的父母、子女。2023 年 3 月 20 日 22 时许，刘某某酒后回到家中，又无端用拳脚殴打赵某梅，并拽住赵某梅的头发将其头部撞在炕沿、柜角、暖气等处，致赵某梅面部肿胀、耳部流血，殴打持续近两个小时。后刘某某上床睡觉，并要求赵某梅为其按摩腿脚。赵某梅回想起自己常年遭受刘某某家暴，刘某某还殴打老人、子女，遂产生杀死刘某某之念。次日零时许，赵某梅趁刘某某熟睡，持家中一把尖刀捅刺刘某某胸部，未及将刀拔出，就跑到其姨婆家中。2 时许，赵某梅发现刘某某死亡后，拨打 110 报警电话投案，到案后如实供述犯罪。经鉴定，刘某某系急性失血性休克死亡，赵某梅面部外伤评定为轻伤二级。刘某某的父母、子女均对赵某梅表示谅解。

案发后，赵某梅被羁押，家中只有年迈多病的刘某某父母和一对未成年子女，失去主要劳动力，仅靠刘某某父母的低保收入和少量耕地租金维持生活，家庭经济较为困难。当地妇联对此高度重视，积极协调为赵某梅的亲属申请救助款，并会同有关单位到赵某梅家中了解情况，帮助解决实际困难。

【裁判结果】

法院生效裁判认为，被告人赵某梅故意非法剥夺他人生命，其行为已构成故意杀人罪。被害人刘某某在婚姻生活中长期对赵某梅实施家庭暴力，案发当晚又无故殴打赵某梅长达近两个小时，作为长期施暴人在案件起因上具有明显过错。赵某梅因不堪忍受刘某某的长期家庭暴力，在激愤、恐惧状态下，为了摆脱家暴而采取极端手段将刘某某杀害，且仅捅刺一刀，未继续实施加害，犯罪情节并非特别恶劣，可认定为刑法第二百三十二条规定的故意杀人“情节较轻”。结合赵某梅作案后主动投案，如实供述全部犯罪事实，系自首，并认罪认罚，取得被害人亲属的谅解等情节，依法从轻处罚。据此，对赵某梅以故意杀人罪判处有期徒刑五年。

【典型意义】

人民法院在审理涉家庭暴力犯罪案件时，坚持全面贯彻宽严相济刑事政策，对于因长期遭受家庭暴力，在激愤、恐惧状态下，为防止再次遭受家庭暴力或者为了摆脱家庭暴力，而杀害、伤害施暴人的被告人，量刑时充分考虑案件起因、作案动机、被害人过错等因素，依法予以从宽处罚。但需要特别指出的是，对因家庭暴力引发的杀害、伤害施暴人犯罪从宽处罚，绝不是鼓励家庭暴力受害者"以暴制暴"。家庭暴力受害者一定要通过法律途径维护自己的合法权益，避免新的悲剧发生，使自己身陷囹圄，决不能以犯罪来制止犯罪！本案中，人民法院根据被告人赵某梅的犯罪情节、手段及被害人存在明显过错等因素，依法认定赵某梅故意杀人"情节较轻"，并结合其所具有的法定、酌定量刑情节，予以从宽处罚，实现了天理、国法、人情相统一，体现了司法的人文关怀。妇联组织积极开展救助帮扶，加强关爱服务，帮助案涉家庭渡过难关，传递"娘家人"的关心与温暖。

案例三

被告人梁某伟故意伤害案

——受害者勇于向家庭暴力说"不"，
"法院+妇联"合力守护妇女权益

【基本案情】

被告人梁某伟与被害人丁某（女）结婚多年并生育二子。2023 年 2 月 3 日 21 时许，梁某伟酒后回家，因抱小孩等琐事与丁某发生争吵并将丁某打倒在地，脚踢丁某胸腹部，致丁某 6 处肋骨骨折，经鉴定损伤程度为轻伤一级。丁某报警。后梁某伟向公安机关投案，并如实供述犯罪。

案发后，丁某决意离婚，同时向当地妇联寻求帮助。当地妇联接到丁某的求助后，高度重视，立即安排相关人员为其疏导情绪，联系法律援助，帮助其向人民法院申请人身安全保护令并提起离婚诉讼。后人民法院签发人身安全保护令，并判决准予丁某与梁某伟离婚。当地妇联工作人员在了解到家庭变故导致丁某之子产生自卑、厌学情绪甚至轻生念头的情况后，还帮助联系心理咨询师提供心理辅导。经数次辅导，该未成年人的情绪得到缓解，与母亲的关系得以改善，学习成绩也有所提高。

【裁判结果】

法院生效裁判认为，被告人梁某伟故意伤害他人身体健康，其行为已构成故意伤害罪。梁某伟仅因琐事便殴打妻子致其受轻伤一级，犯罪情节恶劣，案发时是否处于醉酒状态不影响其行为性质的认定，亦不是从轻处罚的考量因素。梁某伟有自首情节，且自愿认罪认罚，可依法从轻处罚。但根据梁某伟犯罪的事实、性质、情节和对于社会的危害程度，对其不宜宣告缓刑。据此，对梁某伟以故意伤害罪判处有期徒刑一年七个月。

【典型意义】

家庭暴力犯罪发生在家庭内部，外人难以知晓，有些被害人受“家务事”“家丑不可外扬”等观念影响，遭遇家庭暴力后不愿或不敢向外界求助，报案不及时甚至不报案的情况较为普遍。反抗家庭暴力首先需要受害者勇敢站出来，为自己发声。本案中，被害妇女在遭受家庭暴力后报警，并前往当地妇联寻求帮助，之后通过向人民法院申请人身安全保护令和提起离婚诉讼等方式维护自身权益，是积极运用法律武器反抗家庭暴力的正确示范。在此过程中，法院与妇联协同联动、密切配合，给予被害妇女和案涉未成年人充分、有效、全面的保护。希望每一位家庭暴力受害者都能够打消顾虑，勇敢、及时地向公安机关报警或向外界求助，运用法律武器，维护自身合法权益。

案例四

被告人刘某坤虐待、重婚案

——虐待共同生活的哺乳期妇女和未成年人，坚决依法惩处

【基本案情】

被告人刘某坤于2011年9月6日与他人登记结婚。在婚姻存续期间，又隐瞒已婚身份，于2019年与被害人郭某某以夫妻名义共同生活，郭某某之女岳某某（被害人，时年8岁）随郭某某与刘某坤共同生活，与刘某坤以父女相称。刘某坤与郭某某于2021年1月30日生育一子。2021年1月至7月，刘某坤在家中多次采用拳打脚踢或用钥匙割划身体等方式殴打岳某某及正处于哺乳期的郭某某，致二人全身多处受伤。刘某坤还多次辱骂、恐吓岳某某和郭某某，将岳某某的衣物剪坏、丢弃，对岳某某、郭某某施以精神摧残。后郭某某报警，刘某坤被公安机关抓获。经诊断，岳某某为抑郁状态、创伤后应激障碍。

【裁判结果】

法院生效裁判认为，被告人刘某坤与被害母女共同生活期间，长期多次采取殴打、辱骂、恐吓等手段对未成年女童及哺乳期妇女的身心予以摧残、折磨，情节恶劣，其行为已构成虐待罪；刘某坤已有配偶又与他人以夫妻名义同居生活，其行为已构成重婚罪，应依法并罚。据此，

对刘某坤以虐待罪判处有期徒刑一年六个月，以重婚罪判处有期徒刑一年，决定执行有期徒刑二年四个月。

【典型意义】

虐待是实践中较为多发的一种家庭暴力，形式上包括殴打、冻饿、强迫过度劳动、限制人身自由、恐吓、侮辱、谩骂等。与故意杀人、故意伤害相比，虐待行为并不会立即或直接造成受害者伤亡，尤其是虐待子女的行为往往被掩盖在“管教”的外衣之下，更加不易被发现和重视。但虐待行为有持续反复发生、不断恶化升级的特点，所造成的伤害是累计叠加的，往往待案发时，被害人的身心已遭受较为严重的伤害。本案中，被告人刘某坤在长达半年的时间内，多次辱骂、恐吓，甚至殴打共同生活的母女二人，致二人全身多处受伤，并致被害女童罹患精神疾病，情节恶劣。人民法院对刘某坤以虐待罪依法惩处，昭示司法绝不姑息家庭暴力的坚决立场，同时提醒广大群众理性平和地对待家庭矛盾、采用科学合理的方法教育子女。需要指出的是，本案被告人在婚姻存续期间与被害妇女以夫妻名义共同生活，构成重婚罪，虽然法律对此同居关系予以否定评价，但并不影响其与被害母女形成事实上的家庭成员关系，不影响对其构成虐待罪的认定与处罚。

案例五

被告人王某辉拒不执行裁定案

——拒不执行人身安全保护令，情节严重，依法追究刑事责任

【基本案情】

被告人王某辉与妻子王某某于 2019 年 4 月 29 日协议离婚。离婚

后，双方仍共同居住，王某辉频繁打骂、威胁王某某。2023 年 8 月 25 日王某辉再次殴打王某某，后被公安机关处以行政拘留七日及罚款人民币三百元。同年 9 月，王某某拨打妇女维权公益服务热线 12338 求助，后在妇联工作人员的指引与协助下准备报警回执、就医证明等证据，于同年 10 月 12 日到当地妇联与人民法院联合设立的“家事诉联网法庭”向法院申请人身安全保护令。次日，人民法院签发人身安全保护令，裁定禁止王某辉对王某某实施殴打、威胁等家庭暴力行为，禁止王某辉骚扰、跟踪、接触王某某及女儿。裁定有效期为生效之日起六个月。

同年 11 月 28 日，被告人王某辉再次殴打王某某及王某某同事，次日被公安机关处以行政拘留十日及罚款人民币五百元。王某某向当地妇联维权服务中心反映又被王某辉威胁、恐吓。市妇联工作人员在了解情况后，认为王某辉的行为已违反人身安全保护令，建议王某某报警并留存相关证据，向法院反映情况。社区及街道妇联迅速联合街道综治办及派出所对案件进行研判，密切关注王某辉动态，联系王某辉亲属开展劝导，加强王某某住处的安保措施。同年 12 月 6 日，法院办案人员对王某辉违反人身安全保护令的行为进行了训诫及劝导，王某辉书面保证以后不再犯。同月 9 日至 12 日，王某辉通过微信、短信等方式多次向王某某发送刀具照片、农药物流信息截图等人身威胁信息。法院办案人员以电话方式再次对王某辉进行训诫。此后，王某辉仍继续向王某某发送多条人身威胁信息。同月 15 日，人民法院决定对王某辉司法拘留十五日，并将案件线索移送公安机关。后王某辉被公安机关抓获。

【裁判结果】

法院生效裁判认为，被告人王某辉对人民法院签发人身安全保护令的生效裁定有能力执行而拒不执行，情节严重，其行为已构成拒不执行裁定罪。综合王某辉归案后如实供述、认罪认罚等情节，对王某辉以拒不执行裁定罪判处有期徒刑八个月。

【典型意义】

人身安全保护令制度自 2016 年 3 月 1 日设立以来，对预防家庭暴力发挥了重要作用。但实践中违反人身安全保护令的行为时有发生，严重影响人身安全保护令的实施效果。法律的生命在于实施，裁判的价值在于执行。人身安全保护令绝非一纸空文，是严肃的法院裁决，一经作出必须得到尊重和执行。拒不履行人身安全保护令，是对司法权威的挑战，必将受到严惩。本案中，被告人王某辉违反人身安全保护令，情节严重，人民法院对其以拒不执行裁定罪定罪处罚，充分捍卫了法律的尊严和权威，保障了人身安全保护令的执行，让人身安全保护令真正成为维护家庭暴力受害者合法权益的有力武器。同时，本案也反映出家庭暴力反复性和长期性的特点，再次提醒家庭暴力受害者，一旦遭受家庭暴力可以向公安机关报案或者依法向人民法院起诉，也可以向妇联、居民委员会、村民委员会等单位投诉、反映，及时寻求帮助，通过法律武器更好保障自己的人身安全和合法权益。

法答网精选答问

法答网精选答问
（第十批至第十一批）（节录）

问：侵犯公民个人信息罪案件中，在认定“违法所得”时应否扣除成本？

答疑意见：对于刑事案件中认定“违法所得”是否应当扣除成本的问题，在司法实践中素有争议。非法经营犯罪中的“违法所得”，是指获利数额，即以行为人违法生产、销售商品或者提供服务所获得的全部收入（非法经营数额）扣除其直接用于经营活动的合理支出部分后剩余的数额。因此，相关司法解释及规范性文件并用“非法经营数额”和“违法所得数额”表述的，认定“违法所得数额”时应当扣除成本。但是，《最高人民法院、最高人民检察院关于办理侵犯公民个人信息刑事案件适用法律若干问题的解释》第五条系单独使用“违法所得”数额，在认定违法所得时，一般不扣除成本。《检察机关办理侵犯公民个人信息案件指引》（以下简称《办案指引》）所规定的“对于违法所得，可直接以犯罪嫌疑人出售公民个人信息的收入予以认定，不必扣减其购买信息的犯罪成本”也体现这一规则。

需要注意的是，《办案指引》并非司法解释，人民法院在审理相关侵犯公民个人信息刑事案件时，对于司法解释未作规定的，可以参考《办案指引》的规定。但如认为《办案指引》的相关规定不符合案件审理需要，还应结合案件具体情况，依法审慎处理。因此，对于个别采取交易形式侵犯公民个人信息构成犯罪的，在认定“违法所得”时如不扣除成本可能使得案件处理明显不符合罪责刑相适应原则要求，应结合案件具体情况予以考虑。例如，被告人支付 5000 元购买个人信息后加价 200 元卖出的，或者支付 5 万元购买个人信息后加价 500 元卖出的，是否扣除其所支付的对价成本直接关涉是否入罪和升档量刑，不予扣除似不合常情常理。

咨询人：李伟威/江苏省高级人民法院刑一庭

答疑专家：李振华/最高人民法院研究室刑事处

问：被告人在审前阶段未认罪认罚，进入审判程序后能否适用认罪认罚程序，以及具体如何处理？

答疑意见：最高人民法院、最高人民检察院、公安部、国家安全部、司法部印发的《关于适用认罪认罚从宽制度的指导意见》（以下简称《认罪认罚意见》）中，对认罪认罚的适用阶段和适用案件范围进行了明确：认罪认罚从宽制度贯穿刑事诉讼全过程，适用于侦查、起诉、审判各个阶段。2021 年《最高人民法院关于适用〈中华人民共和国刑事诉讼法〉的解释》（以下简称《刑诉法司法解释》）吸收了上述意见的相关规定。被告人在审判阶段认罪认罚，法院应注意把握以下几点：一是审查被告人认罪认罚的自愿性、合法性，保障被告人诉讼权利。二是对于事实清楚、有罪供述稳定的案件，被告人在开庭前提出申请的，承办法官告知公诉机关，征求其意见，并询问是否在开庭前开展认罪认罚工作，若其同意，可由其参照审查起诉期间的规定进行；若不同意或者未予答复，或者被告人是在庭审时当庭提出认罪认罚申请，可依照《刑诉法司法解释》第三百五十六条的规定直接进行。三是关于量刑。审判阶段，被告人在庭审前提出认罪认罚，公诉机关同意开展该项工作的，可由其参照审查起诉期间的程序进行，提交量刑建议书；若公诉机关未作答复，或者被告人在庭审时提出认罪认罚申请，法院依照《刑诉法司法解释》第三百五十六条直接进行，可不再通知检察院提出或者调整量刑建议，但应当就定罪量刑听取控辩双方意见。四是被害方异议的处理。根据《认罪认罚意见》第十八条的规定，被害人及其诉讼代理人不同意对认罪认罚的被告人从宽处理的，不影响认罪认罚从宽制度的适用。被告人认罪认罚，但没有退赃退赔、赔偿损失，未能与被害方达成调解或者和解协议的，应当酌情控制从宽的幅度。被告人自愿认罪并且愿意积极赔偿损失，但由于被害方赔偿请求明显不合理，未能达成调解或者和解协议的，一般不影响对被告人从宽处理。另外，在审判阶段，被告人并非必须签署认罪认罚具结书，对此可按照《刑诉法司法解释》第三百五十六条第二款以及《认罪认罚意见》第三十一条规定办理。

审判实践中，已有审判阶段适用认罪认罚从宽制度的案例。例如，在“蒋某某过失致人重伤案”（人民法院案例库入库编号：2024-03-1-181-002）中，被告人不认可检察机关对案件的定性而未认罪认罚，人民法院经审理认为检察机关指控罪名不当而拟变更罪名，被告人认可审理认定的罪名，并自愿接受相应刑罚处罚，故人民法院依职权启动了认罪认罚程序，对被告人予以从轻处罚。

咨询人：王淼/北京市第四中级人民法院刑庭

答疑专家：黄小明/北京市高级人民法院刑一庭

问：在刑事诉讼过程中，检察院和法院先后决定对赔偿请求人逮捕，此后刑事案件以终止追究刑事责任结案的，赔偿请求人应当以哪个机关作为赔偿义务机关提出赔偿申请？

答疑意见：侵权赔偿通常遵循“谁侵权，谁赔偿”的原则，但当国家机关侵权时，由于国家机关是代表国家行使权力，按照“社会保险理论”“公共负担平等理论”，为便于受害人主张权利，国家赔偿中赔偿义务机关设定与民事诉讼中侵权主体的设定并不完全相同。

国家赔偿法第二十一条规定：“行使侦查、检察、审判职权的机关以及看守所、监狱管理机关及其工作人员在行使职权时侵犯公民、法人和其他组织的合法权益造成损害的，该机关为赔偿义务机关。对公民采取拘留措施，依照本法的规定应当给予国家赔偿的，作出拘留决定的机关为赔偿义务机关。对公民采取逮捕措施后决定撤销案件、不起诉或者判决宣告无罪的，作出逮捕决定的机关为赔偿义务机关。再审改判无罪的，作出原生效判决的人民法院为赔偿义务机关。二审改判无罪，以及二审发回重审后作无罪处理的，作出一审有罪判决的人民法院为赔偿义务机关。”从以上法律规定可以发现，国家赔偿以“谁侵权，谁赔偿”为一般原则，以责任后置吸收为例外。特殊情形中的赔偿责任后置吸收，是实体后置吸收与程序后置吸收的统一，且以实体后置吸收为前提，兼顾国家赔偿法救济私权与规范公权的双重宗旨，实现方便赔偿请求人申请赔偿与倒逼赔偿义务机关依法履职之间关系的平衡。

所提问题中赔偿义务机关的确定，法律并没有明确的规定，但可以按照国家赔偿法的立法目的和精神，进行目的解释、历史解释和体系解释，将法院确定为赔偿义务机关。理由如下：首先，国家赔偿法对刑事赔偿中赔偿义务机关的确定，在人身自由侵害等特定情形下，采取了赔偿责任后置原则，即在一定程序中当数个司法机关均实施了侵权行为时，由最后一道程序作出负面司法决定的办案机关作为赔偿义务机关。由于法院作出过逮捕决定，由其作为赔偿义务机关符合国家赔偿法的目的和精神。其次，如果让检察院和法院都作为赔偿义务机关，则由于赔偿义务机关不同导致赔偿请求人申请国家赔偿的程序不同，前者需要复议而后者不需要复议，从而导致赔偿请求人需要提出两次国家赔偿申请和推进两个赔偿程序，这无疑不利于赔偿请求人及时便利获得赔偿。最后，根据“社会保险理论”和“公共负担平等理论”，赔偿费用最终由国库来支付，故由最后作出逮捕决定的法院作为赔偿义务机关，既做到了便民，又没有过多增加法院的负担，最终实现了国家赔偿“诉讼经济原则”。

咨询人：李海燕/黑龙江省高级人民法院赔偿委

答疑专家：何君/最高人民法院赔偿办

司法实务问题研究

数字经济下流量造假行为刑法规制路径的优化
——基于244份相关裁判文书的思考

田甘霖[*]　熊紫雯[**]　陈明灿[***]

引言

2021年，我国国家互联网信息办公室开展了“清朗”系列专项行动。针对流量造假乱象，要求各网络平台对网络水军账号进行全面清理，重点处理推广网络水军业务的相关网站，重点打击网络流量造假行为。

尽管有关部门早已认识到流量造假行为的巨大危害并采取措施进行打击，司法实践中也主要适用民法、刑法、消费者权益保护法、网络安全法、反不正当竞争法等对虚假流量进行规制①，但流量造假趋势未得

* 江西省宜春市中级人民法院党组书记、院长。
** 江西省樟树市中级人民法院立案庭法官助理。
*** 江西省宜春市中级人民法院研究室负责人。

① 参见高艳东、李莹：《数据信用的刑法保护——以“流量黑灰产”为例》，载《浙江大学学报（人文社会科学版）》2020年第3期。

到有效遏制，由其衍生的司法案件也不断增多，规制措施并未获得理想效果。刑法是用刑罚对民法、行政法等第一次规范的效力进行的补充。[①] 从治罪与治理的角度出发，什么是流量造假行为、哪些流量造假行为应当受到刑法规制以及现行刑法如何有效规制便成为优化流量造假行为刑法规制路径的重点方向，但由于各种原因，刑法对流量造假行为规制的介入时机、方式以及措施等存在一定问题。

一、描述：实证分析下流量造假行为的分类与法律规制困境

（一）流量造假行为的分类

司法实践中，流量造假行为并非某种单一、固定的行为，而是围绕通过改变计算机信息系统流量数据获利的一系列产业链的行为总和。根据是否面对特定人群以及获利方式的不同，笔者认为可将常见的流量造假行为主要分为群控刷量类、虚假广告交易类以及流量劫持类（见图1）。[②]

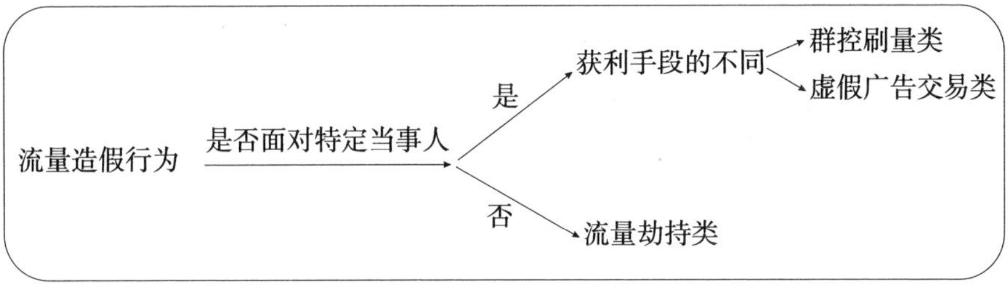

图1　流量造假行为的分类

① 参见冯军、肖中华主编：《刑法总论》，中国人民大学出版社2016年版，第16页。

② 其中，群控刷量类、虚假广告交易类流量造假行为与流量劫持类流量造假行为的最大区别在于前者主要面对的对象是相对特定的人群，后者则是面对不特定人群；群控刷量类流量造假行为与虚假广告交易类流量造假行为的主要区别在于前者通过提供或者应用流量造假的技术手段进行获利，后者通过造假后的数据来进行获利。

1. 群控刷量类

群控刷量类流量造假行为主要指通过向他人提供流量造假技术手段或者亲自应用技术手段为他人提供流量造假服务的行为。例如，行为主体开发并利用涉案软件接受用户在“云控移动营销平台”下发的指令，调用微信“微信好友逐个发消息”等具体功能，实现微信自身不具有的自动化操作功能，达到批量控制微信的目的，并通过该软件控制手机中的微信为广告商推广小说等方式牟利。①

2. 虚假广告交易类

虚假广告类流量造假行为主要指通过虚增好评、交易数据等方式从第三方获取推广费或优惠的行为。例如，被害单位与被告单位签订信息服务合同，约定由被告单位为被害公司推广软件，并以用户下载量或用户激活量为基础结算推广费用，但在履行合同过程中，被告单位员工利用软件模拟真实用户对相关软件的下载、安装、打开、使用等行为，虚增软件用户数量，骗取被害单位巨额推广费用。②

3. 流量劫持类

流量劫持类流量造假行为主要是指通过植入木马等技术手段改变网页的点击跳转，从而获取流量数据资源的行为。例如，被告人租赁多台服务器，使用恶意代码修改互联网用户路由器的域名系统（Domain Name System，DNS）设置，进而使用户登录特定导航网站时跳转至其设置的另一导航网站，被告人再将获取的互联网用户流量出售给其他公司从而获取非法利益。③

（二）流量造假行为的法律规制困境

尽管以上三种流量造假行为具体行为手段不尽相同，但仍可以认为

---

① 参见湖南省张家界市中级人民法院（2020）湘08刑终30号刑事裁定书。

② 参见北京市高级人民法院（2019）京刑终20号刑事裁定书。

③ 参见最高人民法院指导案例102号。

其是以“刷流量”为核心的通过流量数据进行牟利的行为。根据这一特征，笔者在北大法宝平台通过其案例高级检索功能输入关键词“刷流量”，并限定文书的类型为判决书以及裁定书，自有文书上传记录起截至 2022 年 12 月 31 日，在剔除部分完全与流量造假行为无关的案件且增加了判决书中尽管未出现“刷流量”这一关键词但是作为流量造假行为典型案例的案件，最终得出相关裁判文书 244 份。通过对这些文书进行分析后，发现在司法实务中对流量造假行为的规制存在以下问题。

1. 衔接不畅：前置法失灵致流量造假案件规制混乱

在对案例的检索过程中，仅以“刷流量”一词检索便得到了 244 份涉及流量造假行为因素的判决书、裁定书，因此，涉及流量造假行为的司法案件数量应已达到相当规模。通过对 244 份文书的分析，发现对流量造假行为进行规制的过程中，刑法与民法、经济法等前置法并未达到很好的衔接效果。一是表现为存在着通过民法、经济法等法律规制的比例不及刑法规制比例的情形（见图 2）。刑法具有谦抑性，而谦抑性原则是由刑法在法律体系中的地位以及刑法的严厉性决定的。[①] 现实中许多流量造假行为的社会危害性并不严重，通过民法、经济法等法律进行规制已足够，刑法规制比例过高这一现象不符合刑法的谦抑性，从而体现出规制流量造假行为民法等前置法失灵的问题。二是表现为对相似情形流量造假行为有的通过刑法进行规制而有的通过反不正当竞争法进行规制（见表 1）。尽管具体文书中都具有明确法律规范支撑，但是仍然容易使得法律知识并不丰富的大众产生“类案不同判”的疑惑，从而质疑司法权威以及司法公信力。综合以上情况，衔接不畅导致大量流量造假行为案件涌入刑事领域以及大众对案件处理方式产生疑问，从而影响规制效果的实现。

① 参见张明楷：《论刑法的谦抑性》，载《法商研究（中南政法学院学报）》1995 年第 4 期。

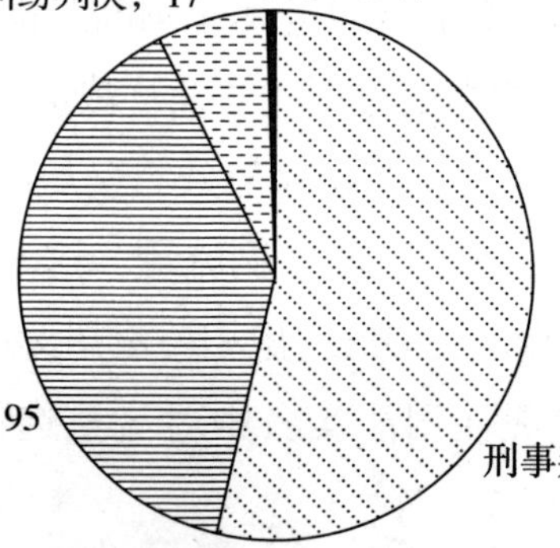

图 2 各类型文书数量

表 1 类似情形规制方式不同

案例	祝某某、黄某某诈骗案	某（北京）科技有限公司等与北京某科技有限公司不正当竞争纠纷
规制手段	刑事	民事
案号	（2021）京 73 民终 313 号	（2021）赣 08 刑终 241 号
案由	诈骗	不正当竞争纠纷
基本案情	被告人利用计算机软件控制大量手机虚拟下载安装、激活、使用 App 产品，骗取 App 开发公司推广费，其中对北京某科技有限公司 App 做虚假推广，数额特别巨大，骗得北京某网络技术有限公司推广费，但属犯罪未遂	被告公司针对原告公司运营的网站以刷点赞、刷粉丝、刷播放量进行虚假交易，并以此作为手段谋取非法利益的行为，即按照播放量 60～65 元/万次、粉丝量 0. 1 元/个、点赞量 0. 05 元/个、评论数 1 元/条的收费标准进行收费
手段	利用计算机软件控制大量手机虚拟下载安装、激活、使用 App 产品	对原告公司运营的网站以刷点赞、刷粉丝、刷播放量进行虚假交易，并以此作为手段谋取非法利益

（续表）

案例	祝某某、黄某某诈骗案	某（北京）科技有限公司等与北京某科技有限公司不正当竞争纠纷
裁判结果	被告人以非法占有为目的，利用计算机软件控制大量手机虚拟下载安装、激活、使用App产品，骗取App开发公司推广费，行为已经构成诈骗罪	自判决生效之日起，被告公司立即停止涉案虚假宣传的不正当竞争行为，即立即停止针对原告视频网站视频的刷量行为；自判决生效之日起十五日内，被告公司在《新京报》非中缝位置发布声明，消除其不正当竞争行为给原告公司造成的不良影响；自判决生效之日起七日内，被告公司赔偿原告公司经济损失以及合理开支

2. 打击限制：刑法规制偏差与不足致刑法规制困难

罪刑法定原则要求刑法具有明确性。规定犯罪的法律条文必须清楚明确，准确地确定犯罪行为与非犯罪行为的范围，以保障该规范没有明文规定的行为不会成为该规范适用的对象。①流量造假行为模式的多样性，导致刑法对于部分危害性确实巨大的流量造假行为的打击产生了困难。首先，对部分流量造假行为的规制是对其手段措施的打击，未体现否定流量造假行为的态度倾向；其次，刑法对部分社会危害性确实较大的流量造假行为难以进行规制，并且在刑事法律规范方面进行规制存在一定困难。以群控刷量类流量造假行为为例，这一类流量造假行为主要分为两种方式进行。一是通过机器刷模式。这一模式下，由于使用的技术手段极有可能影响计算机信息系统的安全以及稳定运行，多构成计算机信息系统类犯罪，但是从这一角度进行思考，刑法对机器刷模式的规制更多体现的是对其流量造假过程中采取的手段的惩罚，而未体现对其流量造假行为目的的否定态度。二是通过人工刷量的模式。在这一模式

① 参见［意］杜里奥·帕多瓦尼：《意大利刑法学原理》，陈忠林译，法律出版社1998年版，第24页。

下，人工采用的刷量方法可能不会影响计算机系统的稳定运行与安全，从而难以通过刑法进行规制。司法实务中，有通过认定成立破坏计算机信息系统罪对删除、修改计算机信息系统数据的行为进行规制的情形[①]，但是在最高人民法院公布的 145 号指导案例中，对破坏计算机信息系统罪中“破坏”的认定进行了严格限制。[②] 因此，对于未对计算机信息系统的安全、运行等方面产生实质性影响但社会危害性确实严重的人工刷量类流量造假行为，刑法很难进行规制。具体裁判中未体现对流量造假行为的否定态度，以及难以对部分流量造假行为进行规制共同导致了刑法规制流量造假行为存在一定困难。

3. 惩罚失准：处罚措施缺乏针对性难以有效遏制造假趋势

流量造假行为多发生在数字经济领域，涉及的人数多、金额大。通过对 131 份刑事裁判文书进行分析，除 2022 年“清朗”行动产生效果以及相关文书未全部上传等原因外，2017 年以来流量造假刑事案件皆处于高频发生状态（见图 3）。

刑罚是刑法规制犯罪行为最重要的工具之一，具有极为重要的影响。刑罚的作用可以分为一般预防以及特别预防。特别预防强调对具体的犯罪人进行惩罚，使得犯罪人诚心思考过错以及不敢再犯此错。一般预防强调刑罚目的在于对社会大众进行震慑，使得社会大众对法令充满敬畏，其行为能够符合法令的要求。[③]

从样本文书中可以发现，规制对流量造假行为可能涉及的具体犯罪以及法定刑的幅度不尽相同，但是处罚措施皆为有期徒刑等常见处罚措施。值得注意的是，流量造假行为的实施出现了职业化与专业化的趋

① 参见江苏省盐城市亭湖区人民法院（2018）苏 0902 刑初 655 号刑事判决书。

② 该案例中裁判理由认为，行为未造成该信息系统功能实质性的破坏，或不能正常运行，也未对该信息系统内有价值的数据进行增加、删改，因而不属于破坏计算机信息系统犯罪中的对计算机信息系统中存储、处理或者传输的数据进行删除、修改、增加的行为。

③ 参见王世洲：《现代刑罚目的理论与中国的选择》，载《法学研究》2003 年第 3 期。

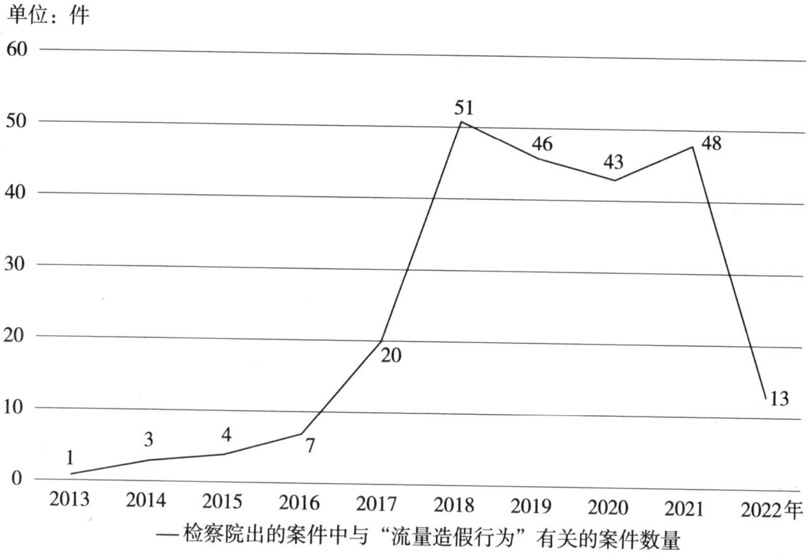

图3　2013—2022年案件数量

势。例如，在赵某某、孙某某、安某某诈骗罪一案中，被告人在开展短信推广业务、网络推广业务活动中，通过第三方开发的软件向客户展示推广状态。在被告人要求下，售后人员故意将虚假的推广状态向客户展示，获取巨额非法利益。[①] 该案二审维持原判，被告人赵某某被判处有期徒刑十二年，并处罚金人民币三十万元。在职业化、专业化程度较高的这类较为特殊的流量造假刑事案件中，传统规制方式的使用尽管对行为进行了惩罚，但是难以发挥再预防的效果，从而刑法规制效果难以达到预期。

二、追问：流量造假行为法律规制困境的原因探索

流量造假行为应当受到法律规制已经是社会认可的一个结论，但在

① 参见浙江省宁波市北仑区人民法院（2018）浙0206刑初33号刑事判决书。

法律规制的过程中出现了种种问题。笔者将从流量造假行为变化的多样性、流量造假行为的复杂性、法律规范规制限制三个方面对其原因进行分析。

（一）行为多样：流量造假行为的多变性

上文笔者根据流量造假行为是否面对特定人群以及获利方式的不同，将流量造假行为分为群控刷量类、虚假广告交易类以及流量劫持类三大类。但在司法实践中，由于外部商业模式的变化以及内部计算机信息技术的迭代，流量造假行为出现了独立化以及融合化的趋势。独立化是指流量造假产业链伴随着流量造假技术的复杂化呈现出的分工逐渐明确，每个人可能在不清楚流量造假行为这一目的情形下单独完成流量造假行为所需操作中的一环。融合化则是指流量造假产业链上下游呈现出相互交融的趋势，分属于两种流量造假类型的流量造假行为相互交融。例如，在蔡某某提供侵入、非法控制计算机信息系统程序、工具一案中，被告不仅仅通过自身获取的技术开发出星援App这一刷数据的平台，并且在不特定公众付费后，在不特定公众完全不知程序操作原理的情形下，其自动与微博这一网络平台进行交互式操作从而进行数据造假。① 因此，多变情形下的流量造假行为给司法人员对流量造假行为进行准确规制造成了一定的困难。

（二）行为复杂：流量造假行为与商业欺诈行为的相似性

部分流量造假行为与经济法中的商业欺诈行为具有一定的相似性，这也是规制流量造假行为过程中出现问题的一个原因。商业欺诈是发生在商业活动中的欺诈行为，一般指法人、其他经济组织和个人在商业活动中，以牟利为目的，告知对方虚假情况，或者故意隐瞒真实情况，诱

① 参见北京市丰台区人民法院（2019）京0106刑初1813号刑事判决书。

使对方当事人作出错误意思表示，损害其他经营者和消费者合法利益的行为。典型的流量造假行为中如虚假广告类行为与商业欺诈行为具有一定相似性。首先，在主体方面，作出相关行为的主体以及受到相关行为影响的主体是完全一致的；其次，在目的方面，以上类型的流量造假行为与商业欺诈行为的目的都是获取物质利益；最后，在方法方面，相关的流量造假行为与商业欺诈行为都是通过不正当手段使受害方产生错觉。因此，部分流量造假行为与商业欺诈行为在实务中的区分存在一定困难，以“刷量”为代表的流量造假行为在某些情形下既可以通过民法、经济法等法律进行规制，也可以通过刑法进行规制。

（三）路径限制：现行规制路径下刑法规范具体适用问题

目前通过刑法对流量造假行为进行规制主要是通过“各个击破，查漏补缺”的方式进行的，即对各个单独的流量造假行为根据其已经确实侵犯的刑法保护法益进行规制，对于危害性较为严重的流量造假行为通过司法机关出台司法解释的办法进行规制。三大类型流量造假行为可能涉及的罪名以及行为方式见表 2。但是通过现行刑法对流量造假行为进行规制过程中存在的一些限制同样导致打击力度有限。

表 2　三大类型流量造假行为可能涉及的罪名以及行为方式

流量造假行为类型	典型案例	可能涉及的罪名（未完全列明）	行为方式
群控刷量类	(2019) 京 0106 刑初 1813 号	提供侵入、非法控制计算机信息系统程序、工具罪	通过反编译等手段获取微博服务器与客户端之间的网络数据格式，自行开发星援 App，使得微博用户仅登录星援 App 而无须登录微博客户端即能够实现转发微博博文等功能
	(2019) 鄂 1123 刑初 190 号	破坏计算机信息系统罪	被告人为谋取非法利益，研发斗鱼账号注册机，通过网络 QQ 向他人销售斗鱼账号注册机，非法获利。他人购买注册机后，使用该软件大量注册账号以提升自己在斗鱼直播间的人气和关注，获取平台礼物
	(2021) 赣 08 刑终 241 号	诈骗罪	被告人甲负责编写程序代码、定制应用程序系统操控所有手机数据量，被告人乙负责在网上承接推广业务。在承接到业务后，被告人就将从上级渠道推广商承接下来的数据包放在电脑的服务端运行。之后其通过事先编写的程序代码、定制的应用程序系统给手机端下发安装、启动业务，之后每部手机再通过被告人定制的应用程序重复着从手机市场点击下载并安装运行软件的动作。利用该虚假手段制造大量的虚假新用户和新数据来规避和提高公司对数据的检测情况
	(2019) 湘 0802 刑初 402 号	非法控制计算机信息系统罪	被告人甲安排被告人乙、被告人丙负责研发一款依托腾讯公司微信系统，实现微信不具有的自动化操作功能，达到批量控制微信的目的的软件

（续表）

流量造假行为类型	典型案例	可能涉及的罪名（未完全列明）	行为方式
虚假广告交易类	（2017）豫 1202 刑初 68 号	虚假广告罪	被告人通过在互联网上发布无药品广告审查批准文号的、含有禁止性广告内容的处方药品的虚假广告，向全国三十个省、市、自治区的数千名人员销售假药
	（2018）京 01 刑初 79 号	合同诈骗罪	合同诈骗罪被害单位与被告单位签订信息服务合同，约定推广三款软件，并以用户下载量或用户激活量为基础结算推广费用。在履行上述合同的过程中，被告单位利用手机群控软件模拟真实用户对相关软件的下载、安装、打开、使用等行为，虚增软件用户数量，骗取推广费用
	（2016）浙 0110 刑初 726 号	非法经营罪	行为人违反国家规定，以营利为目的创建炒信平台，为炒信双方搭建联系渠道，并组织淘宝卖家通过该平台发布、传播炒信信息，引导部分淘宝卖家在淘宝网上对商品、服务作虚假宣传并以此牟利，扰乱市场秩序，达到相应数额标准，构成非法经营罪
流量劫持类	最高人民法院指导案例 102 号	破坏计算机信息系统罪	被告租赁多台服务器，使用恶意代码修改互联网用户路由器的 DNS 设置，进而使用户登录特定导航网站时跳转至其设置的另一导航网站，再将获取的互联网用户流量出售给其他公司从而获取非法利益

1. 群控刷量类流量造假行为原因：计算机信息系统与流量数据高度混合

采用技术手段进行流量造假是流量造假产业链上游行为的重要特征之一，这些技术手段极有可能对计算机信息系统的稳定、安全运行产生影响，因此，在司法实践中针对开发流量造假软件、程序一类行为通常通过认定构成破坏计算机信息系统等罪名进行规制。上文也同时提到了群控刷量类流量造假行为规制过程中出现的规制困境，其中，最主要的原因在于打击过程中计算机信息系统与流量数据两者高度混合在一起，即流量数据往往依托于计算机信息系统进行运作，使得刑法在通过认定构成计算机信息系统等罪名对此类流量造假行为进行规制的同时往往容易忽略流量数据这一因素，从而群控刷量类流量造假行为在规制过程中出现打击偏差问题。

2. 虚假广告类流量造假行为原因：虚假广告罪下的主体限制问题

在虚假广告交易类流量造假行为的刑法规制中，对商家采用流量造假手段发布虚假广告的行为，一定情况下可通过认定构成虚假广告罪进行规制。虚假广告罪这一罪名的设立是为了遏制在现实生活中不断出现的虚假广告行为，但其发挥作用的效果并没有达到设立时预想的情况。[①] 目前，一般认为该罪中的主体包括广告主、广告经营者以及广告发布者，即构成该罪需要具备与一般主体所不同的特定身份。前文提到流量造假行为的迭代速度极快，其模式也在随着市场的需要变化。例如，目前中文互联网世界中，以明星为代表的部分公众所熟知的人物与广告主、广告经营者或广告发布者在发布广告前私下达成协议，发布内容完全虚构或者内容部分虚假的广告，并且通过自己之前在公众中所积累的知名度诱导消费者进行消费。消费者出于对知名人士的信任而选择消费，但是由于虚假广告罪中关于主体身份的限定，对名人大多不能单独以本罪论处，而是多数按本罪的共犯从轻处理，此种情况下则有可能不当减轻对被告人的犯罪行为的处罚，从而影响流量造假行为的规制效果。

---

① 参见李希慧、沈元春：《虚假广告罪若干问题探究》，载《河北法学》2005 年第 12 期。

3. 部分造假行为的危害后果难定导致刑法规制困难

上文提到流量造假行为的核心在于数据，而这些数据的外在一般表现为流量，而这些流量又可表现为点赞数、转发数以及好评数等不同内容。尽管流量造假行为的危害性可以通过非法获利的金额来进行衡量，但是在司法实务的一些案件中，由于不同流量造假行为所影响的数据内容不同，其价值也难以衡量。因此，在一些司法案件中有关主体主张相关损失时，这些主张很难被司法机关认定。例如，在蔡某某提供侵入、非法控制计算机信息系统程序、工具一案中，诉讼代理人主张被告人的行为给被害单位造成了巨大经济损失，其中包括大量应急人工支出以及2018年第四季度因星援App而投入的巨额费用。最终的判决中，北京市丰台区人民法院认为诉讼代理人提供的相关证据均为被害单位单方材料，尚不足以证实与星援App的关联性，故对诉讼代理人这一主张不予支持。①

值得注意的是，相关单位实际损失难计算、主张损失与流量造假损害行为关联性不强等问题不仅出现在刑事案件对相关损失进行认定的过程中，民事案件中也同样出现了此类问题。在深圳市某计算机系统有限公司、某科技（深圳）有限公司与哈尔滨某科技有限公司等其他不正当竞争纠纷一案中，原告主张要求被告赔偿相关损失530万元，上海市浦东新区人民法院在考虑平台的知名程度、相关主体的主观故意以及取证难度等因素后，最终支持的金额也仅为300万元。② 因此，流量造假行为实际损失难以认定、主张损失与损害行为关联性不强等相关问题在司法案件中的审理过程中不断出现，最终导致审判机关不支持相关请求或者支持相关赔偿金额较低，且在刑事案件难以认定实际损失这一问题也将极大影响审判机关的裁判结果，导致判决对流量造假行为的震慑力

① 参见北京市丰台区人民法院（2019）京0106刑初1813号刑事判决书。
② 参见上海市浦东新区人民法院（2020）沪0115民初15598号民事判决书。

度有限。

三、思考：刑法理论下流量造假行为的理想规制路径

刑法是规定犯罪及其法律后果（主要是刑罚）的法律。[1] 该定义揭示了刑法理论中两大重要要素，即犯罪与法律后果。因此，对于如何合理规制流量造假行为也应从两大方面进行，即对哪些流量造假行为应当作为犯罪进行规制，作出哪些刑罚处罚才能对已经成为犯罪的流量造假行为进行有力规制（见图4）。

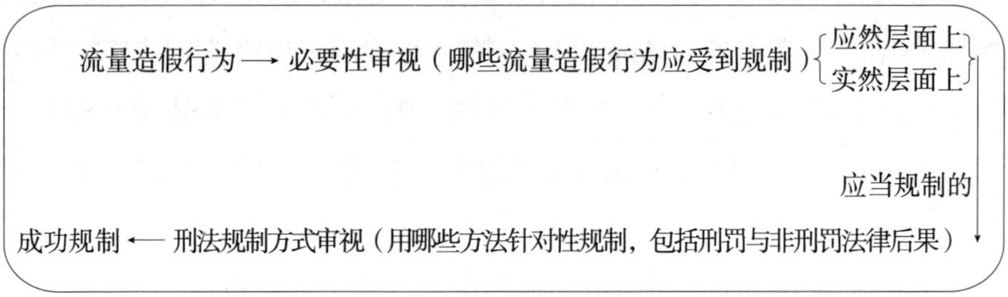

图4　理想规制路径

（一）流量造假行为刑法规制的必要性审视

刑法对流量造假行为进行规制的第一步是确定哪些流量造假行为应当被认定为犯罪行为以刑法进行规制，也即流量造假行为刑法规制的必要性。对于哪些流量造假行为应当被认定为犯罪，笔者认为，可以从犯罪概念这一点进行思考。刑事古典学派的著名代表边沁认为：根据讨论的题目的不同，犯罪这个词的意义也有所区别。如果这个概念是指已经建立的法律制度，那么犯罪就是被立法者无论基于何种理由所禁止的行为。如果这个概念是为了创建一部尽可能好的法典而进行的理论研究，

① 参见张明楷：《刑法学》（上），法律出版社2016年版，第15页。

根据功利主义原则，犯罪是指一切基于可以产生或者可能产生某种罪恶的理由而人们认为应当禁止的行为。[①] 因此，社会危害性是一个相对抽象的概念，难以通过固定的标准进行衡量。但是，对于一类行为的社会危害性程度仍然可以从客观方面和主观方面两个角度进行大致衡量。

从客观方面来看，对社会危害性的衡量可以从产生的具体危害方面进行判断。此处应当注意的是，流量造假行为产生的具体危害不仅仅指其对计算机信息系统等产生的实际危害，也包含对市场经济秩序、公民个人信息等存在的潜在危险。若流量造假行为产生了实际危害，且危害达到了刑法规定的应当进行规制的程度，即达到了较高的社会危害性，可以直接通过刑法对这类流量造假行为进行规制。而对于产生潜在危险这一方面，尽管流量造假行为由于其介质为网络从而会产生巨大的后续反应和大量潜在的风险，但是，对于流量造假行为的危险判断方面仍然应当坚持刑法谦抑性原则，只有该危险能够被客观记录并达到了极有可能转化为实际危害时才有可能进入刑法规制的范围内。

从主观方面来看，对流量造假行为的主观衡量主要集中于实施流量造假行为的主观恶性方面。对于流量造假行为主观恶性方面的判断，结合实践和刑法理论，笔者认为，可以两个标准进行。一是行为主体是否明知实施流量造假行为的过程或结果可能会产生危害，并且希望或者放任这种危害结果的产生（这是从刑法的认识因素和意志因素方面进行划分）。二是行为主体实施流量造假行为的目的是获得物质利益且物质利益归行为主体所有。例如，为了个人虚荣，方便自身向朋友展现其生活方式受人欢迎的假象，通过购买多个账号对其网络平台上的博文进行转发、点赞操作，该种情况下行为主体尽管知道流量造假行为可能会产生各类危害，但是目的并不是获取物质利益，因此，不能认定其主观恶

① 参见［英］吉米·边沁：《立法理论》，李贵方等译，中国人民公安大学出版社2004年版，第286~287页。

性大。

（二）流量造假行为刑法规制方式审视

实践中，对犯罪行为的刑法规制方式一般可以分为刑罚与非刑罚的法律后果。刑罚是刑法规制犯罪行为最重要的工具。在已经收集的与流量造假行为相关的刑事判决书中，对于已经构成犯罪的流量造假行为案件，所有的被告人均被判处几个月至几年的有期徒刑，部分案件并处数量不等的罚金。

此处值得注意的是对于非刑罚的法律后果的应用。我国刑法规定了三种非刑罚的法律后果：（1）单纯宣告有罪；（2）非刑罚处罚（刑法第三十七条的内容，以免予处罚为前提）；（3）保安处分（如刑法第六十四条规定的部分内容，以及刑法关于禁止令、从业禁止的规定）。这些法律后果更具有针对性，对于犯罪行为的再预防具有良好的效果，如职业禁止在对防止利用职务行为再次犯罪方面发挥了良好的作用。

四、补缺：流量造假行为刑法规制路径优化的新思路

上文提到了理想状态下刑法针对流量造假行为进行规制的理想途径，结合上文中笔者提出的刑法规制流量造假行为中出现的问题，将查漏补缺的措施可以分为以下几种，从而达到治罪与治理相结合的目标。

（一）前置法层面：前置法裁判中重视裁判结果的导向作用

通过对 244 份判决书的分析，在三种类型的流量造假行为中，群控刷量类流量造假行为以及流量劫持类的流量造假行为多通过刑法规制，但是对于虚假广告交易类流量造假行为，当事人一般选择民法、经济法的方式维护其利益。根据刑法的谦抑性特点，对于危害性不大、刑法现行规范无法规制，确实属于民事、经济法管辖范围内且当事人愿意通过民事、经济法等法律进行规制的流量造假行为，应当尊重当事人的意思

自治，通过相关法律进行规制。如钱某与某科技公司网络悬赏广告纠纷案中，钱某表面上为涉案 App 邀请了大量新用户，但这类成员注册成为新用户的目的仅是获取相应的奖励，而非真正使用涉案 App，不能形成真正意义上的用户，故此类操作与使用设备虚构用户类似，均应视为"刷量"操作，实质上审查否定了人工刷量的流量造假行为，最终钱某的全部诉讼请求被驳回。[①] 但此类通过民法等法律规制流量造假行为，也应当发挥司法的导向作用。如在最高人民法院发布的人民法院大力弘扬社会主义核心价值观十大典型民事案例中的常某某诉许某网络服务合同纠纷一案中，法院裁判认为合同无效的后果为自始无效，双方当事人不得基于合意行为获得其所期待的合同利益。虚假流量业已产生，如以互相返还的方式进行合同无效的处理，无异于纵容当事人通过非法行为获益，违背了任何人不得因违法行为获益的基本法理，故对双方希望通过分担合同收益的方式，来承担合同无效后果的主张，一审法院不予支持。并且，为倡导诚信的法律精神，发挥司法裁判价值导向和社会指引的功能，同时，考虑案件呈现的技术复杂性、"暗刷流量"行为的隐蔽性，以及由此产生的对社会公共利益的严重损害，需通过个案的处理表明司法对此类行为的否定态度。对于常某某与许某在合同履行过程中的获利，应当予以收缴。[②]

在流量造假行为的法律规制过程中，行政法也应当发挥积极的规制作用。涉及规制流量造假行为的行政案件，由于取证困难、造假行为十分隐蔽，在司法实践中较为罕见。但根据《网络交易管理办法》《互联网信息服务管理办法》等文件，相关的行政部门对部分流量造假行为的规制具有责任。因此，对于可能涉及流量造假行为的领域，相关行政部门应当及时更新取证方法并重点进行督查，从而通过民法、经济法、

① 参见广州互联网法院（2019）粤 0192 民初 790 号民事判决书。

② 参见北京互联网法院（2019）京 0491 民初 2547 号民事判决书。

行政法等法律逐步形成层次分明、井然有序的关于流量造假行为规制的法律衔接方式。

（二）罪与非罪层面：准确界定应受刑法规制的流量造假行为

在罪与非罪层面，为尽可能准确对社会危害性较大的流量造假行为进行规制，主要需要解决两个问题：一是准确界定流量造假行为与商业欺诈行为的区别；二是准确识别社会危害性达到刑法规制标准的流量造假行为。流量造假行为与商业欺诈行为的区别主要表现在三个方面：首先，在手段方面，商业欺诈的手段是多种多样的，但是流量造假行为一般是通过计算机程序等技术手段进行的；其次，二者发生的环境也不尽相同，商业欺诈可以发生在任意场合，但是流量造假行为多为线上；最后，在危害方面，流量造假行为面向不特定的人群，危害性较商业欺诈更大。

（三）具体适用层面：定罪与法律后果层面坚持治罪与治理理念

1. 定罪层面之一：刑事裁判中重视实质解释的重要作用

对于刑法本身在规制流量造假行为过程中出现的种种限制问题，应当从内外部充分发挥解释的作用。从内部而言，通过扩大解释认定流量造假行为确实属于刑法规制范围内的，司法人员则应当主动通过刑法规制此类流量造假行为。即尽管有些行为并不是刑法规定的语词中的核心意义，但是通过该语词仍然能够包容该含义，并且这些行为确实具有进行刑事处罚的必要性时，此种情形下可以对刑法用语进行扩大解释。[①] 从外部而言，对于部分确实超出词语合理含义范围从而无法解释，但社会危害性确实较大的流量造假行为，司法机关应当及时发布相关的司法

① 参见张明楷：《实质解释论的再提倡》，载《中国法学》2010 年第 4 期。

解释指导司法人员对此类流量造假行为进行规制。

2. 定罪层面之二：参考价值与因果关系多重标准上确定后果

对于刑法规制流量造假行为过程中出现的实际损害数额难以确定的问题，在司法实践中主要体现为两大现象：一是“点赞”“转发”等操作进行流量造假的数据难以进行价值测算；二是受害方主张的受损失数额与被告人流量造假行为之间的因果关系难以被认定。对于第一种情况，可以通过主动探寻与第三方价值测算相结合的方式进行解决。主动探寻是指司法人员在案件审理过程中应当重点关注被告流量造假行为的营利模式以及相关人员是否对流量造假操作具体价格有约定，若存在相关约定，则该约定中的数额应当被重点考量；而第三方价值测算是指在对流量造假行为进行价值测量时，可以委托在互联网领域具有相关经验的无利害关系的专业机构进行测算，并且对争议较大的情况可委托多个专业机构进行测算，从而得到一个相对客观的数据作为参考。通过二者之间的结合可以有效对流量造假行为进行价值测算。对于第二种情况，在因果关系的认定上，应当坚持罪刑法定原则，在流量造假行为案件中一般不会出现介入因素，对于因果关系的认定应当坚持危害行为与产生的危害结果之间存在内在的、必然的、合乎规律的联系。①

3. 法律后果层面之一：流量造假行为主观内容作为刑罚考量因素

上文提到流量造假行为的规制过程中，刑法的规制更多体现的是对流量造假过程中采取的手段的惩罚，而未体现对其流量造假行为目的的否定态度。那么，结合上文，流量造假行为的主观内容即被告人的主观恶性以及主观目的应当在考量刑罚的过程中得到重视。在刑罚的考量中明确对于流量造假行为的否定态度，可以较为良好地弥补刑法规制流量造假行为过程中出现的因计算机信息系统与流量数据高度混合导致的有

① 参见杨海强：《刑法因果关系的认定——以刑事审判指导案例为中心的考察》，载《中国刑事法杂志》2014 年第 3 期。

关问题被忽视这一情况，从而体现司法机关对流量造假行为的不认可，也可以向公众展示出司法机关对流量造假行为的否定态度，从而在治罪的同时达到治理的效果。

4. 法律后果层面之二：规制过程中重视保安处分的合理运用

由于流量造假行为主要集中在互联网领域，且其非法获利巨大、具有一定的专业性，该类行为极易出现处罚过后仍然再犯的问题，此时应当合理使用保安处分。可以对流量造假行为进行规制的保安处分主要集中于职业禁止以及禁止令。具体到职业禁止，要求行为人必须具有利用自己职业再次从事犯罪的危险，如果行为人不再具备这种危险，或是种种迹象表明行为人在今后不会再从事相关工作，或是职业禁止仍不足以达到效果时，就不应禁止其从事特定职业，以免徒劳无功。[①] 如针对流量造假行为职业化、专业化这一情况可以对行为主体采取职业禁令，即限制其在一定时间从事相关行业的职业，从而推动对流量造假行为的规制。对于部分流量造假行为情节严重的案件，对被告人的处罚可以增加相关的禁止令，禁止其在一段时间内参与互联网的经济活动，并且对其互联网上的动态进行密切关注，防止其再次进行流量造假行为，从而在治理流量造假行为的同时，防止行为主体的再犯罪问题。

结语

现实中涉及流量造假行为的司法案件不断增多，且由于其涉及金额大、涉及人数多，刑法对其的必要规制显得尤为重要。本文立足于司法实践，旨在构建衔接有序、灵活有力、配套完整的流量造假行为刑法规制方式，从而达到对社会危害性较大的流量造假行为进行治罪的同时，对流量造假行为进行具有针对性的治理，优化出一条有效率、有效果的刑法规制路径。

---

① 参见刘夏：《保安处分视角下的职业禁止研究》，载《政法论丛》2015 年第 6 期。

疑难案例选评

黄某交通肇事案

鲁海军*

【裁判要旨】

两次碰撞交通事故中无法直接确认致被害人死亡车辆，前车撞击与被害人死亡之间存在因果关系，应将被害人死亡归责于前车，具有“交通肇事后逃逸”加重情节的，人民法院应按照交通肇事罪的加重情节定罪量刑。

【案件索引】

一审：江苏省淮安市洪泽区人民法院（2022）苏0813刑初155号（2022年12月20日）

【基本案情】

2022年6月4日21时42分许，被告人黄某酒后驾驶小型轿车，沿淮安市洪泽区350省道由南向北行驶至该道路52千米+100米处时，与

* 作者单位：江苏省淮安市洪泽区人民法院执行局。

同方向在前驾驶电动自行车的袁某发生碰撞，致使袁某从其车辆引擎盖滑落后倒卧在机动车道内，被告人黄某驾车逃逸。事故发生约 39 秒后，高某某驾驶重型半挂牵引车由南向北行驶至事发地点，因避让不及导致车辆碾压袁某，事后高某某驾车逃逸。经鉴定，袁某系颅脑外伤合并胸腹部开放性损毁伤死亡。

江苏省淮安市公安局洪泽分局交通警察大队出具的事故认定书认定：被告人黄某饮酒后夜晚驾驶机动车行车过程中对路面情况疏于观察，未确保安全，是第一次事故发生的主要原因。被告人黄某驾车在道路上发生交通事故，未停车保护现场，未抢救受伤人员，未报告执勤的交通警察或公安机关交通管理部门，是第二次事故发生的原因之一；高某某夜晚驾驶机动车行车过程中对路面情况疏于观察，未确保安全，这也是第二次事故发生的原因之一。事故发生后，被告人黄某、高某某均驾车逃逸。被告人黄某负第一次事故的全部责任；高某某负第二次事故的全部责任。

2022 年 6 月 5 日，被告人黄某主动到公安机关说明交通肇事后逃逸的犯罪事实。

【裁判结果】

江苏省淮安市洪泽区人民法院一审审理认为，被告人黄某违反交通运输管理法规，因而发生重大事故，致一人死亡，负事故主要责任，且在交通肇事后逃逸，其行为已构成交通肇事罪。被告人黄某犯罪后自首，可以从轻处罚。对于被告人黄某提出的其案发前未饮酒的辩护意见，经查，在案发前与被告人黄某共同吃饭的证人张某、张某某及孙某等人均证实被告人黄某饮酒的事实，故对该辩护意见，不予采纳。

江苏省淮安市洪泽区人民法院于 2022 年 12 月 20 日作出（2022）苏 0813 刑初 155 号刑事判决：被告人黄某犯交通肇事罪，判处有期徒刑四年（刑期从判决执行之日起计算。判决执行以前先行羁押的，羁押一日折抵刑期一日，即自2022年8月13日起至2026年8月12日止）。

一审判决后，检察机关未抗诉，被告人未上诉，判决已发生法律效力。

［评析］

二次碰撞交通事故致人死亡的司法认定

本案系二次碰撞致人死亡交通肇事案件[①]，相较于一车对一人的交通事故，责任主体增多、因果关系复杂，尤其是交通肇事后逃逸因素的介入，使前后两车责任划分、定罪量刑难度加大，也极易引发认识分歧，继而引发是否构成交通肇事罪以及是否属于加重情节的认定难题。为破解此难题，本文对二次碰撞致人死亡情形、前后两车刑事责任分配进行了一些初步探讨，并在现行法律框架范围内对二次碰撞致人死亡案件认定规则进行了分析和探索。

一、二次碰撞致人死亡的认定分歧

交通肇事罪是理论和实务研究的热点，刑法第一百三十三条规定了交通肇事罪及其逃逸的加重情节。根据法律有关规定，交通肇事罪既要求造成特定的损害后果即造成被害人重伤、死亡或达到一定金额财物损失，也要求行为人对交通事故负主要责任或者全部责任。对于交通事故后逃逸行为，又具体区分为一级加重犯“交通肇事后逃逸”，量刑为有期徒刑三年至七年；二级加重犯“因逃逸致人死亡”，量刑为有期徒刑七年以上。2000年11月21日，最高人民法院出台《关于审理交通肇事刑事案件具体应用法律若干问题的解释》（以下简称《解释》），对

① 本文所称“二次碰撞致人死亡交通肇事”案件是指，前后两车与同一人发生碰撞，后车碰撞时被害人未有证据证明已经死亡，被害人是在后车碰撞后出现死亡。

交通肇事罪审理的难点进行了明确。然而，在具体处理交通肇事逃逸致伤亡者被二次碰撞类案件中，在对两车犯罪性质及逃逸加重情节认定上出现不同认识和处理意见，具体到本案而言主要涉及两个方面，一是刑事责任人的确定，二是刑事责任人承担刑事责任的认定。

（一）刑事责任人认定的分歧

本案涉及交通肇事发生两次碰撞，在司法实践中对于刑事责任主体的认定存在分歧，归纳起来主要为以下三方面的观点。

观点一，前后两车驾驶员均构成犯罪。理由是：前后两车的碰撞行为为独立的交通事故，且均承担主要以上责任，均应按照交通肇事罪论处。

观点二，前车驾驶员构成犯罪。理由是：前后两车的碰撞行为均构成独立的交通事故，前车驾驶人不仅承担本车的肇事责任，还应承担后车的一定责任，责任相加后，前车驾驶人应以犯交通肇事罪论处。通过调查发现，在办理此类案件中，判定前车驾驶人犯罪的占绝大多数。

观点三，后车驾驶人构成犯罪。理由是：前后两次的碰撞视为一起交通事故，后车是造成被害人死亡的直接原因，前车驾驶人对事故承担次要责任，后车对事故承担主要责任，可以交通肇事罪论处。

本文倾向于前车驾驶人入罪，但不反对追究后车驾驶人的刑事责任，而对于后车驾驶人的罪名不局限于交通肇事罪。

（二）刑事责任承担的分歧

在认定逃逸加重情节时，刑事责任人是成立交通事故基本犯，还是一级加重犯、二级加重犯又出现新的分歧意见。

第一种意见，刑事责任人构成交通肇事罪的基本罪。一般结合事发监控录像、尸检报告和前后两车间隔时间等客观事实，可确定被害人的死亡结果是由后车碰撞导致，前车驾驶人的碰撞行为导致被害人受重伤，其仅对受重伤这个结果负责。根据《解释》第三条规定，“交通运输肇事后逃逸”的目的是规避法律追究。如果无法判定前车驾驶人主观上有规避法律追究的目的，则无从以此要求其承担逃逸责任。

第二种意见，对刑事责任人应以一级加重犯“交通肇事后逃逸”量刑。尽管刑事责任人存在逃逸行为，也仅是在发生交通事故即违反道路交通安全法规后的逃逸，根据尸检报告，无法查实前车碰撞后被害人已经死亡或是伤害的程度，但客观情况是被害人死亡的结果出现在后车的二次碰撞之后，同时考虑两车前后两次碰撞的时间间隔仅为39秒，较为接近，因而被害人的死亡结果属于前车第一次碰撞后的结果延伸，应认作前车驾驶人犯交通肇事罪的危害后果，而对于其未履行救助义务而驾车逃逸事故现场的行为，应按照一级加重犯量刑。

第三种意见，对刑事责任人应以二级加重犯“因逃逸致人死亡”量刑。前车驾驶员在发现车辆异样后本应停车检查而未检查，主观上存在过失，客观上造成被害人重伤而无法自行从机动车道挪动，且导致被害人被后车碰撞碾压致死的危害后果出现，刑事责任人逃逸不救助的行为，与被害人死亡之间存在刑法上的因果关系，应对该犯罪情节予以考量。

本文倾向于认定刑事责任人符合一级加重犯“交通肇事后逃逸”，对逃逸情节的认定，并不当然将交通肇事后逃逸所产生的危害后果即被害人被后车二次碰撞碾压致死归责于前车刑事责任人。

二、二次碰撞致人死亡的理论辨析

二次碰撞涉及前后两次交通事故，在认定两次碰撞行为及对应的危害后果基础上，着重从二次碰撞及逃逸行为在刑法意义上的因果关系进行分析，从而理顺办理此类案件的思路和方法。

（一）二次碰撞交通事故分析

根据对一次交通事故的一般认知，二次碰撞交通事故在结构上为两次独立的交通事故。理由是：从时间上看，两次碰撞的发生有时间顺位且为两个不同肇事主体；从后果上看，前后两车碰撞产生相对应的后果，如前车致人受伤、后车致人死亡等。若把两次碰撞当作一个交通事故，易将前后两车驾驶人按照共犯来处理，但根据刑法第二十五条关于共犯的规定，过失犯罪不能成立共犯。因此，两次碰撞交通事故是前后相继的，前后两车驾驶人的过失在时间上无交集，无法按照一个交通事故处理，实际上大多数也是按照两个独立的交通事故处理。

（二）二次碰撞案件的类型化分析

二次碰撞交通事故是指，在公路交通运输过程中，被害人不幸相继遭受车辆的两次碰撞的交通事故。二次碰撞主要分为两种情形，一种是同一辆车连续两次碰撞同一被害人，另一种是两辆车分别与同一被害人发生碰撞。对于后者可再细分为两类，一是后车与前车间隔时间极短，后车来不及反应而与被前车撞倒的被害人再次发生碰撞，二是前车碰撞肇事后逃逸致伤亡者被后车二次碰撞的情形。第一种情形中，行为人实施的两次碰撞，其主观上呈现多元形态，即第一次是过失、第二次是故意（如药某鑫案），或第一次是故意、第二次是过失，抑或两次都是过失或两次都是故意。只要其中一次主观心理为故意，就非单纯以交通肇事罪定罪，而是可以故意伤害罪、故意杀人罪、以危险方法危害公共安全罪或侮辱尸体罪等讨论其刑罚。第二种情形中，无论是前车还是后车驾驶人在出现交通事故时大多数是出于过失，关注的重点是交通肇事逃逸致伤亡者被二次碰撞的司法认定。

（三）二次碰撞中加重犯的认定

我国刑法及司法解释对交通肇事罪的加重情节进行了规定，主要分为一级加重犯和二级加重犯。二次碰撞致人死亡的交通事故刑事责任的认定，需要厘清两个加重情节的相关规定及司法适用。

1. 一级加重犯的认定

我国刑法第一百三十三条将“交通运输肇事后逃逸”规定为本罪的一级加重犯情形，《解释》第三条进行专门解释，是指具有《解释》第二条第一款和第二款第一项至第五项规定的情形之一，为逃避法律追究而逃跑的行为。

第一，两种观点的碰撞。上述观点是“逃避法律追究说”。刑法理论界对此提出“不履行救助义务说”，也是当前理论界的主流观点，其理由认为：一是产生作为的义务，交通肇事的基本行为使得被害人生命处于危险状态，刑法设置由行为人救助被害人的义务；二是合法行为的期待可能性被弱化，犯罪后逃跑是人趋利避害的本能；三是刑法并未将杀人、放火等更为严重暴力犯罪的行为人逃离现场作为加重情节，举重以明轻，对于过失犯罪的交通肇事罪提出更高要求不符合情理、法理；四是与自首制度相左，在不构成逃逸情形下，同时适用自首，可能存在重复评价不逃逸。①

第二，两种观点的辨析。两种观点是互补的关系，在具体处理案件时，需要结合具体情况、综合处理。“逃避法律追究说”从目的来说是以“逃避法律追究”来防止处罚范围扩大，其基于行为人若不存在规避逃避法律责任，一般会及时对被害人进行救助，便于司法实践操作。但在具体执行中，不仅着眼于《解释》的规定，还应关注对生命法益的救助，行为人的救助义务比接受法律制裁的义务更为重要。因而，为

① 参见张明楷：《刑法学》，法律出版社2011年版，第719页。

客观全面评价“交通肇事后逃逸”的各种情形，可遵循一般人的理解认识，综合采用“逃避法律追究说”或“不履行救助义务说”，避免单一片面。

第三，逃逸与非逃逸行为的分界点。根据道路交通安全法第七十条第一款规定，肇事者主要应当履行三项义务，即保护现场、抢救伤员、及时报警。设置三项义务的主要目的是最大限度避免伤员死亡、减少交通事故造成交通秩序混乱、确保后面交通参与者出行安全。刑法领域是为了保护伤者生命财产安全，追究肇事者刑事责任。两种法律立法目的不同，对于逃逸的认定也就有所区分。回归到刑法惩治交通肇事后逃逸，因前述的三项义务均发生在肇事者在被公安机关控制之前，故认定逃逸与非逃逸的分界点应为肇事者被公安机关控制之时。这里的公安机关控制之时，是案件已进入侦查阶段、公安机关锁定具体的肇事者并已经对其实际控制之时，而非交警出警介入处理之时。肇事者履行了救助义务，但之后又逃往外地的行为，属于脱逃行为，而非肇事逃逸行为。①

2. 二级加重犯的认定

“因逃逸致人死亡”是指肇事者在发生交通事故致人受伤后逃离现场，而不及时履行救助义务，被害人因抢救不及时而死亡。通俗地讲，“因逃逸致人死亡”就是肇事者撞人后逃跑，被害人无人救助，因此而死亡。这也是《解释》的观点立场，为大多数所认同。对于二级加重犯的认定，需要进一步厘清是否以构成交通肇事罪为前提、“得不到救助”的理解及二次碰撞介入因素因果关系的认定等问题。

第一，以交通肇事罪为前提。《解释》对一级加重犯的认定前提进行了明确规定，“交通肇事后逃逸”的认定是在满足第二条第一款和第

① 参见汤三红：《交通肇事逃逸及其认定》，载《中国人民公安大学学报（社会科学版）》2008年第4期。

二款第一项至第五项规定的基础上，从司法解释的逻辑结构上理解，一级加重犯是建立在以构成交通肇事罪为前提的，而《解释》未对二级加重犯的前提进行明确。然而，按一般的法律框架及逻辑，既然一级加重犯是建立在构成交通肇事罪基础上的，那么，作为相较于一级加重犯更重的情节及其对应的刑罚，必然是以构成交通肇事罪为前提。另外，无论是逃逸行为致人死亡还是逃逸行为都是发生在交通事故后，按照时间和事情发展顺序，在后的行为不可能改变原行为的刑法性质。

第二，对“得不到救助”理解。对《解释》第五条“得不到救助”应作广义解读，既要涵括被害人因得不到救助而自然死亡的消极死亡情形，还应涵括部分积极死亡的情形。这里的部分积极死亡的情形，主要是指被害人受重伤后因其他因素的介入加速因伤致死，之所以将其纳入广义的“得不到救助”，主要是为防止肇事者将被害人死亡的责任转嫁给介入因素，使其刑事责任有可能从二级加重犯降格至一级加重犯。

第三，对二次碰撞介入因素因果关系的分析。首先，要明确逃逸行为与死亡结果之间必须存在因果关系。其次，结合具体情况判定伤者若得到及时救助是否可以脱离死亡危险，可以根据两个因素综合判断。一是从被害人的受伤状况来判定，如在手上、腿部等非要害部位，则发生死亡风险较低，若被害人的受伤部位是胸部、头部等，根据尸检报告或医疗机构出具的诊断报告来判定受损程度是否足以致死。二是结合事故发生的时间、地点、环境等自然状况，判定救助的相关条件是否可以实现救助。通过前述两因素得出结论，即使不逃逸，被害人及时获得救助也无法脱离死亡危险的可能的，则死亡结果是由肇事行为而非逃逸行为所致。

第四，对二次碰撞刑事责任的划分及其方法。二次碰撞交通事故案件中需着重考虑逃逸行为这个加重情节的变量，也就是说逃逸行为的认定有可能决定了二次碰撞前后两车驾驶人刑事责任的承担，即是否符合一级加重犯“交通肇事后逃逸”或二级加重犯“因逃逸致人死亡”。如果前车交通事故行为已致被害人死亡，便无讨论逃逸的一级、二级加重情节的必要，因为二次碰撞并未增加危害被害人法益的程度。

一是二次碰撞交通事故案件逃逸与因果关系分析。因果关系是一种引起与被引起的关系。[①] 因果关系在认定刑事责任方面具有无可辩驳的价值。[②] 刑事责任承担的前提是行为与结果之间存在狭义上的因果关系。[③] 具体到交通肇事逃逸致伤亡者被二次碰撞案件中，前车驾驶人是否承担刑事责任就是要分析其是否应当对二次碰撞死亡结果担责的问题。二次碰撞介入因素未中断原有因果关系的情况下，交通肇事的基本行为和交通肇事后的逃逸行为是导致二次碰撞的行为，从这个广义的因果关系来看这两个行为与被害人被二次碰撞之间存在因果关系，但这并不属于狭义上的刑法上的因果关系。因此，有必要进一步厘清狭义上的刑法上的因果关系在此类案件中的具体表现。讨论该问题的关键是“驶离交通事故现场”能否被认定为刑法意义上的逃逸行为。如果不属于，且二次碰撞这一介入因素并不中断因果关系时，被害人最终死亡结果应归结为交通肇事罪的基本犯罪。如果属于，则应考虑逃逸行为与二次碰撞的死亡结果之间是否具有因果关系。进一步来说，若二次碰撞因素中断原本刑法上的因果关系，可能构成一级加重犯“交通肇事后逃逸”；若未中断原本的因果关系，则可能构成二级加重犯“因逃逸致人死亡”。

二是狭义上的因果关系的认定。如同其他判断刑法因果关系理论学说一般，狭义上的因果关系同样以条件说为基础，即没有前行为就没有后结果。[④] 据此，在判断二次碰撞交通事故中，没有前车的交通事故就

---

① 参见张明楷：《刑法学》，法律出版社 2011 年版，第 173 页。

② 参见［美］约书亚·德雷斯勒：《美国刑法精解》，王秀梅等译，北京大学出版社 2009 年版，第 165 页。

③ 狭义上的因果关系是指，为刑法上所调整的行为与刑法所评价的结果之间具有的因果关系。

④ 参见黎宏：《日本刑法精义》，法律出版社 2008 年版，第 107 页。

不会出现后车的二次碰撞，没有后车的碰撞就不会有死亡结果。那么，前后两车的两次碰撞行为均是造成被害人死亡后果的条件，与被害人的死亡都具有刑法意义上的因果关系。对每一个条件均等视之，则无法区分重要的和非重要的因果关系，可能会扩大刑法打击面。[①] 狭义上的因果关系学说和其他理论学说一样的重要价值，就是在导致结果前行为中找出重要的因果关系，为准确追究行为人的刑事责任提供法律支撑。重要的因果关系，需要从具体的犯罪构成要件来判定。就交通肇事犯罪构成要件来看，导致被害人重伤、死亡的行为就是重要的因果关系，若前车碰撞后被害人是轻伤或有自动脱离险境的时间、机会等情况下，再出现后车的第二次碰撞，那么，后车的二次碰撞行为与危害后果之间是重要的因果关系，应追究后车驾驶人的刑事责任，前车仅在轻伤与之对应的结果中认定。若前车碰撞后被害人重伤或轻伤但无法自行挪动且两车连续碰撞的时间较短或死因无法查明等情况下，前车的碰撞行为让被害人无法脱离由前车驾驶人造成的风险地，根据“疑罪从无”原则，即存疑时有利于行为人的原则，判定由前车承担刑事责任更符合罪责刑相适应原则，且也广为司法实践所接受。

三、二次碰撞致人死亡认定规则在本案的适用

根据交通肇事罪相关法律规定及理论研究成果，对本案涉及的二次碰撞交通肇事案件分析，处理此类案件可以行为人是否违反交通运输管理法规、前车与二次碰撞致死之间有无因果关系、逃逸行为的认定等方面为突破口，准确定罪量刑，力争通过一案到类案进而达到实现解决一片的效果。

① 参见张明楷：《刑法学》，法律出版社 2011 年版，第 378 页。

（一）前车驾驶人实施了违反交通运输管理法规的行为

本案中，前车驾驶人黄某存在以下三项违反交通运输管理法规的行为：其一，酒后驾车的行为。根据道路交通运输安全法第二十二条第二款规定，饮酒、服用国家管制的精神药品或者麻醉药品，或者患有妨碍安全驾驶机动车的疾病，或者过度疲劳影响安全驾驶的，不得驾驶机动车。其二，黄某未进行远近光灯交替的示意操作。根据《道路交通安全法实施条例》第五十九条之规定，机动车在夜间通过人行横道时，应当交替使用远近光灯示意。其三，驾车行驶途中对路面情况疏于观察，未确保安全。综上所述，前车驾驶人黄某具有多项违反交通运输管理法规的行为，主观上存在过失，符合交通肇事罪的主观罪过。

（二）前车与二次碰撞致被害人死亡存在刑法上因果关系

本案不同于一般的一车交通肇事案件，特别之处在于后车驾驶人的二次碰撞这一因素的介入，可根据狭义上的刑法因果关系分两步考察。第一步，按照条件说考察前车的碰撞行为与被害人袁某死亡结果之间是否存在"没有前行为就没有后结果"，在此逻辑思维下作出初步判定，若无前车驾驶人黄某的肇事碰撞行为，被害人袁某不会倒卧在机动车道内，也不会在约39秒后被后车二次碰撞致死。据此，可以判定前车驾驶人黄某的肇事行为与被害人袁某的死亡之间存在事实上的因果关系。同理，后车驾驶人高某某的行为与被害人袁某死亡之间有事实上的因果关系。但是能否将被害人袁某被后车碰撞致死的结果归责于前车驾驶人黄某，还需要第二步判断。第二步，前车驾驶人黄某的第一次碰撞让原本同向驾驶电动车的被害人袁某倒卧在机动车道内，致使袁某处于高危境地，制造了袁某被后车碰撞致死的风险。客观归责是以行为人所制造的不被允许的风险转化为实际危害结果为要件，若该最终的危害后果并非该危害行为所致，而是偶然与其他危害行为同时发生，则应排除客观归责。[1] 本案中，后车驾驶人高某某二次碰撞袁某的交通事故并非偶然，前车驾驶人黄某第一次碰撞使袁某卧倒在机动车道，事发机动车道为350省道，在夜间车流量依然较大，袁某极有可能遭受后续车辆的再次伤害，客观事实是后车的二次碰撞与前车的第一次碰撞间隔约39秒，因而被害人袁某被后车再次碰撞致死的风险在结果中实现，对前车驾驶人黄某所制造的不被允许的风险行为应予以客观归责。本案中，被害人袁某无过错，后车驾驶人的二次碰撞与前车第一次碰撞间隔时间约39秒，通过调查发现，高某某对第一次碰撞并不知情，发生二次碰撞的原因是其疏于路面观察、避让不及导致二次碰撞，属于意外事件，故而被害人袁某的死亡结果不属于后车驾驶人高某某的刑事责任范围。

综上可知，被害人袁某无过错、后车驾驶人高某某的二次碰撞属于意外事件，前车驾驶人黄某的肇事行为与被害人袁某被二次碰撞致死之间存在刑法上的因果关系。

（三）前车驾驶人具有刑法上的逃逸行为

认定犯罪应坚持从主观到客观，主客观相一致。本案认定过程中，从客观方面看，前车驾驶人黄某将同方向在前的被害人袁某撞倒后，并未履行道路交通安全法第七十条第一款规定的三项义务，而是在发生交通事故后逃离事故现场，符合逃逸行为的外部特征。是否可以直接认定为刑法意义上的逃逸，还需要结合黄某的主观方面作进一步判定。前车驾驶人黄某酒后驾车并未降低其对包含是否撞到人在内的事务的一般认知，从交通事故责任认定书来看，黄某是属于未履行观察路面、确保安全的一般人注意义务而造成了本次交通事故，其也未对发生交通事故进行抗辩，且存在如实供述犯罪事实的自首情节，因而可以认定前车驾驶

---

① 参见王宝祥：《从大陆法系因果关系理论出发——完善我国对因果关系的认定》，载《前沿》2011年第2期。

人黄某主观上是明知发生交通事故仍逃离事故现场，属于刑法意义上的逃逸行为。

对于可追责的逃逸行为，是符合一级加重犯抑或是二级加重犯需要从交通肇事罪的基本犯和结果加重情节两个方面考量。

第一，交通肇事罪的基本犯方面，前车驾驶人第一次碰撞将被害人袁某带至机动车车道，处于高危境地，以至于造成被后车驾驶人高某某二次碰撞致死的危害后果，黄某在本次交通事故中主观上是过失，客观上造成袁某死亡，且承担第一次交通事故的全部责任，符合交通肇事罪的构成要件，构成交通肇事罪。

第二，加重情节的认定方面，本案的特殊性在于出现二次碰撞这个介入性因素，考查逃逸行为符合哪一级加重情节，就要处理好对二次碰撞这一介入因素是否中断因果关系的认定。根据前述前车驾驶人黄某“驶离交通事故现场”属于刑法意义上的逃逸行为，正是黄某在交通肇事后未能履行及时救助义务，将处于高危风险的袁某置于车流量较大的省道机动车道内，介入后车的二次碰撞产生了致袁某死亡的后果，该介入行为及其所产生的后果是黄某“交通肇事后逃逸”所致，应按照一级加重犯对黄某的罪责量刑。

最新法律文件解读丛书

稿　　约

最新法律文件解读丛书是一套以为最新法律规范提供同步“解读”为主的系列丛书，分为刑事、民事、商事、行政与执行4个分册，按月出版。

本丛书以“解读”为重点，突出全、专、新、快、准等特点，通过对最新出台的法律、法规、司法解释、部门规章以及重要地方性法规进行同步动态解读，弥补了法律、法规、司法解释汇编类出版物没有同步阐释、解读内容的不足，为广大读者学习理解最新法律规范，正确贯彻执行法律文件，及时解决实践中的新情况、新问题，提供一个全方位、多层面的法律信息平台。

欢迎您向以下栏目赐稿：

【最新法律文件解读】主要是对最新颁行的法律文件进行解读，帮助司法和执法人员正确理解法律文件的立法背景、意义、重点内容、在适用中应注意的问题、与相关法律文件的衔接与互动关系等。

【司法实务问题研究】主要刊登对司法理论、实务及司法管理工作中的热点、疑难问题进行研究及评论的文章。

【新类型疑难案例选评】主要是对司法和行政执法实践中具有典型性和代表性的疑难案例，结合具体案情以及审理或处理结果进行简练精辟的点评，解析认识问题的方法、处理问题的法律依据和在个案中的具体适用。

【法学前沿与新视点】以摘要的形式刊登相关法学理论研究的最新动态及具有代表性和典型性的前沿问题，扩展法学研究的深度和广度。

【法律适用问题解答】主要针对司法和行政执法实践中面临的新问题、热点问题、疑难问题进行简要的解答，指出涉及的法律关系，明确法律适用依据。

稿件一经刊用即付稿酬，稿酬从优。

《刑事法律文件解读》　周　敏　邮箱：xingshijiedu@163.com

《民事法律文件解读》　杨　洁　邮箱：1216921515@qq.com

《商事法律文件解读》　路建华　邮箱：shangshijiedu@126.com

《行政与执行法律文件解读》　丁寒峨　邮箱：1290312696@qq.com

人民法院出版社

最新法律文件解读丛书编辑部